THE NATURE OF CIVILIZATIONS

文明的本质

著 [美]马修·梅尔科 (Matthew Melko)

译 陈 静

中国社会科学出版社

图字：01－2017－3826

图书在版编目（CIP）数据

文明的本质／（美）马修·梅尔科著；陈静译．—北京：中国社会科学
出版社，2017.11（2024.11重印）

（知识分子图书馆）

书名原文：The Nature of Civilizations

ISBN 978－7－5203－0909－7

Ⅰ．①文…　Ⅱ．①马…②陈…　Ⅲ．①西方文化—文化史—研究
Ⅳ．①K500.3

中国版本图书馆 CIP 数据核字（2017）第 251106 号

出 版 人	赵剑英	
责任编辑	张　湉	
责任校对	郝阳洋	
责任印制	李寡寡	

出　　　版	中国社会科学出版社	
社　　　址	北京鼓楼西大街甲 158 号	
邮　　　编	100720	
网　　　址	http://www.csspw.cn	
发 行 部	010－84083685	
门 市 部	010－84029450	
经　　　销	新华书店及其他书店	

印　　　刷	北京君升印刷有限公司	
装　　　订	廊坊市广阳区广增装订厂	
版　　　次	2017 年 11 月第 1 版	
印　　　次	2024 年 11 月第 3 次印刷	

开　　　本	650×960　1/16	
印　　　张	14	
字　　　数	181 千字	
定　　　价	58.00 元	

总　序

　　1986—1987 年，我在厄湾加州大学（UC Irvine）从事博士后研究，先后结识了莫瑞·克里格（Murray Krieger）、J. 希利斯·米勒（J. Hillis Miller）、沃尔夫冈·伊瑟尔（Walfgang Iser）、雅克·德里达（Jacques Derrida）和海登·怀特（Hayden White）；后来应老朋友弗雷德里克·詹姆逊（Fredric Jameson）之邀赴杜克大学参加学术会议，在他的安排下又结识了斯坦利·费什（Stanley Fish）、费兰克·伦屈夏（Frank Lentricchia）和爱德华·赛义德（Edward W. Said）等人。这期间因编选《最新西方文论选》的需要，与杰费里·哈特曼（Geoffrey Hartman）及其他一些学者也有过通信往来。通过与他们交流和阅读他们的作品，我发现这些批评家或理论家各有所长，他们的理论思想和批评建构各有特色，因此便萌发了编译一批当代批评理论家的"自选集"的想法。1988 年 5 月，J. 希利斯·米勒来华参加学术会议，我向他谈了自己的想法和计划。他说"这是一个绝好的计划"，并表示将全力给予支持。考虑到编选的难度以及与某些作者联系的问题，我请他与我合作来完成这项计划。于是我们商定了一个方案：我们先选定十位批评理论家，由我起草一份编译计划，然后由米勒与作者联系，请他们每人自选能够反映其思想发展或基本理论观点的文章约 50 万至 60 万字，由我再从中选出约 25 万至 30 万字的文章，负责组织翻译，在中国出版。但

1989 年以后，由于种种原因，这套书的计划被搁置下来。1993
年，米勒再次来华，我们商定，不论多么困难，也要将这一翻译
项目继续下去（此时又增加了版权问题，米勒担保他可以解
决）。作为第一辑，我们当时选定了十位批评理论家：哈罗德·
布鲁姆（Harold Bloom）、保罗·德曼（Paul de Man）、德里达、
特里·伊格尔顿（Terry Eagleton）、伊瑟尔、费什、詹姆逊、克
里格、米勒和赛义德。1995 年，中国社会科学出版社决定独家
出版这套书，并于 1996 年签了正式出版合同，大大促进了工作
的进展。

为什么要选择这些批评理论家的作品翻译出版呢？首先，他
们都是在当代文坛上活跃的批评理论家，在国内外有相当大的影
响。保罗·德曼虽已逝世，但其影响仍在，而且其最后一部作品
于去年刚刚出版。其次，这些批评理论家分别代表了当代批评理
论界的不同流派或不同方面，例如克里格代表芝加哥学派或新形
式主义，德里达代表解构主义，费什代表读者反应批评或实用批
评，赛义德代表后殖民主义文化研究，德曼代表修辞批评，伊瑟
尔代表接受美学，米勒代表美国解构主义，詹姆逊代表美国马克
思主义和后现代主义文化研究，伊格尔顿代表英国马克思主义和
意识形态研究。当然，这十位批评理论家并不能反映当代思想的
全貌。因此，我们正在商定下一批批评家和理论家的名单，打算
将这套书长期出版下去，而且，书籍的自选集形式也可能会灵活
变通。

从总体上说，这些批评家或理论家的论著都属于"批评理
论"（critical theory）范畴。那么什么是批评理论呢？虽然这对
专业工作者已不是什么新的概念，但我觉得仍应该略加说明。实
际上，批评理论是 60 年代以来一直在西方流行的一个概念。简
单说，它是关于批评的理论。通常所说的批评注重的是文本的具
体特征和具体价值，它可能涉及哲学的思考，但仍然不会脱离文

本价值的整体观念，包括文学文本的艺术特征和审美价值。而批评理论则不同，它关注的是文本本身的性质，文本与作者的关系，文本与读者的关系以及读者的作用，文本与现实的关系，语言的作用和地位，等等。换句话说，它关注的是批评的形成过程和运作方式，批评本身的特征和价值。由于批评可以涉及多种学科和多种文本，所以批评理论不限于文学，而是一个新的跨学科的领域。它与文学批评和文学理论有这样那样的联系，甚至有某些共同的问题，但它有自己的独立性和自治性。大而化之，可以说批评理论的对象是关于社会文本批评的理论，涉及文学、哲学、历史、人类学、政治学、社会学、建筑学、影视、绘画，等等。

批评理论的产生与社会发展密切相关。60 年代以来，西方进入了所谓的后期资本主义，又称后工业社会、信息社会、跨国资本主义社会、工业化之后的时期或后现代时期。知识分子在经历了 60 年代的动荡、追求和幻灭之后，对社会采取批判的审视态度。他们发现，社会制度和生产方式以及与之相联系的文学艺术，出现了种种充满矛盾和悖论的现象，例如跨国公司的兴起，大众文化的流行，公民社会的衰微，消费意识的蔓延，信息爆炸，传统断裂，个人主体性的丧失，电脑空间和视觉形象的扩展，等等。面对这种情况，他们充满了焦虑，试图对种种矛盾进行解释。他们重新考察现时与过去或现代时期的关系，力求找到可行的、合理的方案。由于社会的一切运作（如政治、经济、法律、文学艺术等）都离不开话语和话语形成的文本，所以便出现了大量以话语和文本为客体的批评及批评理论。这种批评理论的出现不仅改变了大学文科教育的性质，更重要的是提高了人们的思想意识和辨析问题的能力。正因为如此，批评理论一直在西方盛行不衰。

我们知道，个人的知识涵养如何，可以表现出他的文化水平。同样，一个社会的文化水平如何，可以通过构成它的个人的知识能力来窥知。经济发展和物质条件的改善，并不意味着文化水平会同步提高。个人文化水平的提高，在很大程度上取决于阅读的习惯和质量以及认识问题的能力。阅读习惯也许是现在许多人面临的一个问题。传统的阅读方式固然重要，但若不引入新的阅读方式、改变旧的阅读习惯，恐怕就很难提高阅读的质量。其实，阅读方式也是内容，是认知能力的一个方面。譬如一谈到批评理论，有些人就以传统的批评方式来抵制，说这些理论脱离实际，脱离具体的文学作品。他们认为，批评理论不仅应该提供分析作品的方式方法，而且应该提供分析的具体范例。显然，这是以传统的观念来看待当前的批评理论，或者说将批评理论与通常所说的文学批评或理论混同了起来。其实，批评理论并没有脱离实际，更没有脱离文本；它注重的是社会和文化实际，分析的是社会文本和批评本身的文本。所谓脱离实际或脱离作品只不过是脱离了传统的文学经典文本而已，而且也并非所有的批评理论都是如此，例如詹姆逊那部被认为最难懂的《政治无意识》，就是通过分析福楼拜、普鲁斯特、康拉德、吉辛等作家作品来提出他的批评理论的。因此，我们阅读批评理论时，必须改变传统的阅读习惯，必须将它作为一个新的跨学科的领域来理解其思辨的意义。

要提高认识问题的能力，首先要提高自己的理论修养。这就需要像经济建设那样，采取一种对外开放、吸收先进成果的态度。对于引进批评理论，还应该有一种辩证的认识。因为任何一种文化，若不与其他文化发生联系，就不可能形成自己的存在。正如一个人，若无他人，这个人便不会形成存在；若不将个人置于与其他人的关系当中，就不可能产生自我。同理，若不将一国文化置于与世界其他文化关系之中，也就谈不上该国本身的民族文化。然而，只要与其他文化发生关系，影响就是双向性的；这种关系是一种张力关系，既互相吸引又互相排斥。一切文化的发展，都离不开与其他文化的联系；只有不断吸收外来的新鲜东西，才能不断激发自己的生机。正如近亲结婚一代不如一代，优种杂交产生新的优良品种，世界各国的文化也应该互相引进、互相借鉴。我们无须担忧西方批评理论的种种缺陷及其负面影响，因为我们固有的文化传统，已经变成了无意识的构成，这种内在化了的传统因素，足以形成我们自己的文化身份，在吸收、借鉴外国文化（包括批评理论）中形成自己的立足点。

今天，随着全球化的发展，资本的内在作用或市场经济和资本的运作，正影响着世界经济的秩序和文化的构成。面对这种形势，批评理论越来越多地采取批判姿态，有些甚至带有强烈的政治色彩。因此一些保守的传统主义者抱怨文学研究被降低为政治学和社会科学的一个分支，对文本的分析过于集中于种族、阶级、性别、帝国主义或殖民主义等非美学因素。然而，正是这种批判态度，有助于我们认识晚期资本主义文化的内在逻辑，使我们能够在全球化的形势下，更好地思考自己相应的文化策略。应该说，这也是我们编译这套丛书的目的之一。

在这套丛书的编选翻译过程中，首先要感谢出版社领导对出版的保证；同时要感谢翻译者和出版社编辑们（如白烨、汪民安等）的通力合作；另外更要感谢国内外许多学者的热情鼓励和支持。这些学者们认为，这套丛书必将受到读者的欢迎，因为由作者本人或其代理人选择的有关文章具有权威性，提供原著的译文比介绍性文章更能反映原作的原汁原味，目前国内非常需要这类新的批评理论著作，而由中国社会科学出版社出版无疑会对这套丛书的质量提供可靠的保障。这些鼓励无疑为我们完成丛书带来了巨大力量。我们将力求把一套高价值、高质量的批评理论丛书奉献给读者，同时也期望广大读者及专家

学者热情地提出建议和批评，以便我们在以后的编选、翻译和
出版中不断改进。

王逢振

1997 年 10 月于北京

关于作者

梅尔科博士写道，他拥有"阿尔弗雷德大学、芝加哥大学、哥伦比亚大学及伦敦经济学院的多个学位"。从 1959 年起，他就一直"在马斯布拉德福专科学校从事历史及社会科学的教学"。这是他的第一本专著。

"我对于比较历史学的兴趣最初是由芝加哥大学的肯尼斯·汤普森激发起来，然后在伦敦经济学院，在马丁·莱特的指导下，这种兴趣变得炽热起来。此后，我有幸结识了几位比较历史学家。（备注：汤因比曾在一辆驶往海滨的 13 路汽车的后车厢向我挥手作别；道森有一次在马萨诸塞州坎布里奇吃茶点时，对他在'只有 40 岁'时写就的某些东西表现出不屑一顾的态度；奎格利曾在华盛顿对艺术教学高谈阔论，因此高高兴兴地错过了一次历史学会议；库尔伯恩在布拉德福一次学术会议的进程中，穿着腥红的长袍，满脸胡子，神态威严。）"

"在比较历史学方面，我最近做了一些尝试：对 52 个和平社会进行了研究。我很快就能够模糊地理解那些国际体系的研究及文明本身。但是毫无疑问，我是所有研究比较历史学的学生当中最不称职的一位。我没有任何语言的技能（'他们会对你不加理会，如果你没有任何德文注脚'——海登·怀特），我读书很慢，而我本来就不好的记忆力也越来越差。我所拥有的优势是我的一种写作冲动，我没有任何可以让我分心的其他成就，还有一种强烈的无须为此承担后果的感觉。"

献给马丁·怀特

致　谢

　　1968 年，四位学者相继谢世了。他们每一位都和比较历史学的研究有一段渊源。人们将会怀念他们。

　　比地林·索罗金是宏大规模上的比较历史学家：他在处理历史作为一个整体的任务上完成得相当出色。他曾经在一个注脚中这样评论道："迄今为止，历史的发展遵循着我所设立的轨迹。"他对一位批评家做出了强烈的回应："让那些能做得更好的人做得更好；不幸的是，目前还没有人能够做到。"拉什顿·库尔伯恩这位比较历史学家喜欢一丝不苟地专注于一些特定的、循环发生的现象：封建制，教堂与国家之间的关系，文明的起源。库尔伯恩在东方文明的学识超越了任何一位比较历史学家，他未能活着完成一项综合研究是人类的巨大损失。克兰·布林顿是一位梳理并阐述了历史几大主题的叙述史家。他坚信对于历史问题的解决应该会有不同的方法，并且极力倡导比较及叙述两种方法的联姻。哈罗德·戴维斯是一位专攻教学的历史学家。他极为广泛地涉猎各类历史，让他的学生关注更广泛的问题或者是可以比较的问题。他徜徉于索罗金、库尔伯恩以及布林顿所开创的学术氛围，并且增强和传递了这一学术氛围。

　　以上四位学者均对本书产生了影响。索罗金的社会哲学渗透在理论的框架中；库尔伯恩在我所在的大学度过了他生命中的最后几个月。在此期间，他花费了大量时间去思考比较历史学作为一门学科怎样发展的问题；布林顿，尽管承受着绝症的折磨，仍评阅了该书的手稿并且给该书写了序；戴维斯在该书的初始阶段阅读了手稿并且在该书定稿的时候给出了宝贵的意见。

我也感谢我的妻子。在我收集材料和探索方向的三年期间，她经受了离别之苦；同时，我还要感谢肯尼斯·汤普森和弗雷德里克 L. 舒曼对我早期研究灵感的激发；感谢唐宁·伯乐、海登·怀特、欧斯蒙·海拉以及马克·卡罗尔对书稿的评价；感谢哈罗德·琼森夫人、克莱·维尔西·坎尼夫，及莫利·诺伊斯所做的准备工作；感谢塞奈·古科尔·古尔梅，在百忙之中起草、粘贴了第五章的图表；感谢理查德·纽曼设计了封面；感谢《现代思想主流》的编辑，帮我出版了第一章的早期版本（1—2 月，1965）；感谢我的编辑，以斯帖·多提，敦促我让此书更加紧凑清晰，结构合理。但是倘若没有马丁·莱特的指导，就没有这本书稿的批评、打印及编辑。

不言而喻，以上提到的需要感谢的人，已经付出了很大的努力，他们将会同时乐于为此书的缺陷和疏漏承受批评，因此我无须承担任何的责任。

马修·梅尔科

1969 年

序 言

　　人们都知道，吉本曾凝视着古罗马的废墟，当场决定着手为他的《罗马帝国衰亡史》作插图注解。同样，历史学家们对于事物的生与死这一事实也有充分的了解；他们的确试图从因果关系的角度来解读生命的过程。因此，即便是最缺乏想象力的叙述史家，对阿诺德·汤因比所指责的"摒弃社会道德规范的人"也会觉得不那么公平。的确，他们所描述并且常常以一种相当受人尊敬的方式所分析的生命的进程及其兴衰的循环，是一个具体的政治实体，可以详细地规划，准确地定位，并且可以在时空上划定界限。古代的城市国家，现代的民族国家，甚至一些封建实体如巴伐利亚和布列塔尼，即便是在某个时期的很长一段时间里，它们的疆界都一直没有划定，也值得用一个充满活力的、为严谨的社会科学家们所喜欢的一个形容词来描绘——"坚固"。它们不像个体的人那样坚固，但人们却可以确定它，划定它的界限，并且从一定意义上说，可以将其分离出来。的确，它们之间存在着一定的联系，而对这种联系的细致入微的研究可以追溯到修西得底斯。但是，研究外交史、军事史、经济史以及当今研究知识史的历史学家们仍然把它们作为可以限定疆域的政治实体在进行研究。有关美国新的共和体制的第一部国家宪法中的人权法案对早期法国革命家的影响这一主题，对于极端的还原论者来说，有些小题大做，但却可以被文献加以证明和定义。

　　尽管历史学家们并不刻意回避使用诸如"文明""文化"及"社会"这样的词汇，但他们通常仍然不愿给这些术语下一个精确的定义，而是把这一任务留给人类学家和社会学家来完成。尽管在西方文明史方面，或者仅以文明史而言，就有大量的教科书，尽管世界史方面的书籍也是数量极多，且难以领会，但是这些书几乎都很难算是真正的比较文明史。虽然西里尔·布兰克是一位杰出的、富有创新精神的比较史学家，而且所关注的问题比起"狭隘的"（用汤因比具有隐含意义的词语来说）民族国家要宽泛一些，但他仍然认为"文明"一词对历史学家的研究来说并不可行，并不起作用。

　　对超越"主权"国家的更广阔的发展范围绘出图表、进行分析、做出解释的尝试至少可以追溯到圣·奥古斯丁或是阿若修。曾经有人试图把这种尝试叫作"历史哲学"，而这一混合术语却同时遭到了哲学家和历史学家的质疑，也被传统的社会学家所摒弃，因为在他们看来这一术语毫无意义，或者比毫无意义更为恶劣。弗兰克 E. 曼纽尔在他的《哲学历史的形态》一书中用令人钦佩的学识、相当程度的赞同及恰当的怀疑态度简要地追溯了这种历史的历史——因为这本身就是一种历史。鉴于转向这种历史的学者当中很多人都极具天赋，所以大多数历史学家对这种历史所表现出的纯粹的轻蔑态度很难解释。毫无疑问，统一于全国性研究协会的从事纯理论研究的现代历史学家的完善的学术精神，从一开始就摒弃了历史哲学家们所做的这一类归纳。兰克，他们的创始人，在一个经常被引用的序言中，不无骄傲地、毫不谦虚地表明他不会试图解释历史的进程，而只会"仅仅（的确是一个关键词）展示确实发生过的事情"。已故的 H. A. L. 费歇尔，在一篇使汤因比大为光火的序言中作了类似的声明：他不是真的想找寻历史的意义，但如果有一系列使他着迷的疑惑不解的问题，那他也会十分喜欢。

的确，那些在 18 世纪及 19 世纪被启蒙学派称作为"哲学历史"的学者，如孔多塞学派、康德学派、巴克耳学派，他们都是单纯的冰退阶段及单线演化发展理论的理性主义阐释者。他们只关注现在普遍地——非常普遍地——被称为"西方文明"的东西。人们不能指责那些 20 世纪的后继者们，如斯宾格勒、汤因比，甚至也不能指责索罗金，尽管他热衷量化方面的研究（对于这一点，马修·梅尔科在此书中所表现出的善意略显过分）。这些作者，即便是斯宾格勒，也没有放弃逻辑归纳，却对于直觉、从事实到理论的富有想象的跨越、归纳概括及牵强的假设有着相当的依赖。他们在许多方面与其他领域的研究人员持有类似的见解，而不是一种完全不同的流派，即对民族性的研究。确实有一种特性，真实到足以称为一件"不同寻常的事"；但是，例如说，如果萨尔瓦多·德马达里亚加从这样一个事实——拉丁语的 honor，furor 变成法语 honneur，fureur 后，音节中多了虚弱的卷舌音 eu，但是拉丁语的 amor 变成法语的 amour 后，却多了动听的、充满激情的元音 oo——得出结论，即对法国人来讲，爱情重于荣誉，他显然有些小题大做。汤因比有许多真知灼见，几乎可以配得上"富有洞见"这个金子般的词语，但是他的那些观点却无从考证；在最大范围的总结归纳上，索罗金的概念的—理想的—感知的这一冰退阶段的准则难以与对历史学家们来说清晰明了的连贯的整体相调和。

在本书中，马修·梅尔科有意识地避免受到人们的指责。这些人们认为，如果这种历史不能通过我们大家的理解、或是认为我们所理解的方式被充分证明是一种自然科学方法的话，那么它就毫无希望地偏离了充分思考的方式。当然，梅尔科毫不隐晦地向他之前的一些研究人员借鉴了很多东西，其中包括最重要的已故的阿尔弗雷德·克罗伯以及已故的拉什顿·库尔伯恩。克罗伯是一位专业的人类学家，他早期关于加利福尼亚印第安人的训练及研究具有无懈可击的科学性。他在"文化"的兴起及衰落等方面逐渐培养起了兴趣。他的《文化发展的建构》一书的确极富探索性、一切从实际出发，应该受到任何一位科学研究者的尊敬。库尔伯恩本人一直仰慕和追随克罗伯，是一位经过严格训练的职业历史学家。他在晚年致力于定义"文明"以及划分"文明""社会"及"文化"之间的模糊的界限。从该书可以看出，马修·梅尔科完全是这两位杰出科学家的合法继承者。

然而，梅尔科绝不仅仅只是一名后继者。他有自己的风格及自己的研究方法，这一点读者很快就会发现。他持有一定程度的怀疑态度，但同时又怀有一种动物般的忠诚。他的语言有时很口语化——也许在那些传统、刻板的科学家看来有些缺乏庄重。在这一领域的同行中，没有人具有他那种朴实率真的风格以及源于真诚谦逊的幽默感；历史哲学必须得到认可，并且达到一定程度的严肃性，虽不能说使之显得古板乏味。梅尔科相对简短的参考文献及评论是对该领域现状的一个极富价值的全面考察，这对于读者是另外一种收获。

人们将继续在这片土地上继续耕耘下去，尽管许多人认为这片土地永远不会结出丰硕的果实。因为似乎在可预见的遥远的未来，大多数人将不再具备完整的科学怀疑态度，他们将需要诸如此类问题的答案："人类将去向何方？"——以及"我将去向何处？"高级宗教的真谛、奇迹以及启示已经给出了这些问题的答案。然而，一旦这些基于超自然力量的宗教遭到摒弃，答案的唯一源泉将是漫长的历史进程——这一历史包括地球物理学、历史地质学、考古学、人类学、以及史前学。（有一点必须再次重申，在文化演变的今天，简单地要求别人不要追问这样的问题，对许多人来说是不可能的。）

　　在过去大约两个世纪里，人们做了大量的工作，努力把那种必须称为宗教的东西单从历史当中割裂开来。在弗兰克·曼纽尔的"巴黎先知"中，从杜尔哥和孔德，他们都关注于这样一个问题。但是，迄今为止，在改变了大众信仰方面唯一真正成功的先知似乎非卡尔·马克思莫属。马克思主义依然在发展，依然充满活力；实证主义已经消亡，实际上，它一开始就是失败的。其他对人们有重要影响、具有公共机构特征（民族主义、"自由世界"多样性的民主、法西斯主义、纳粹主义）的一系列观点及情感，无一与基督教、伊斯兰教以及或高级或低级的宗教完全脱离开来，因而不能真正成功地达到宇宙哲学及末世学的高度。

　　作为一种文学或至少是文化体裁，我们所关注的领域要远远比以上讨论的体制的和政治的体现宽泛得多。我们这个时代权威的哲学史家们，如斯宾格勒、汤因比、索罗金及奎格利，当然都是赫赫有名的人物。有一些更加专业的、通常不那么烦琐的方法，如那些关注掠夺地球、人口爆炸、扰乱自然的生态平衡（微妙的说法）的科学家们所采用的方法。这些科学家们通常是生物学家及人口统计学家；还有目前已日渐过时的单线文化演化进化论者：西方梦想的追随者，如罗德里克·塞登伯格，其思想表现在他的《后历史的人类》一书中；新斯多葛学派，如《下一个一百万年》的作者查尔斯·高尔顿·达尔文；最后，在目前这样一个时尚盛极一时之际，马歇尔·麦克卢汉预见到了媒介的救赎作用。

　　继克罗伯及库尔伯恩之后，马修·梅尔科正在耕耘的领域已只剩下小小的一角。他在这小小的一角所采用的方法与在自然科学及社会科学方面均结出硕果的方法并非不相一致。这些方法不是缺乏新意的方法，最重要的是，它们与任何研究人员所采用的方法都不相同。这是一片先期需要做很多梳理工作的领域，而这

正是梅尔科目前所做的事情。希望梅尔科在这一领域将来会有他
自己的后继者，因为他所采用的方法是与理性主义、现实主义，
或者用一个神圣的词——科学——的悠久传统相一致的。

克兰·布林顿

1968 年 7 月于佛蒙特，皮查姆

目　录

第一章

文明的概念

一 模式的必要性

　　人们曾经尝试对文化这一包罗万象的概念进行大胆的限定和描述，这在 20 世纪已经为人们所熟知。斯宾格勒、汤因比、索罗金以及克罗伯各自都提出了极富见地的涉及一系列独一无二、经久不衰或行将消亡的宏观文化概念的体系，这些宏观文化现在逐渐被人们称为"文明"。这种尝试之所以能够引起人们广泛的兴趣，毫无疑问是因为，我们自己的文明也会有寿终正寝的可能性，正像其他一些文明在过去显然已经衰亡一样。

　　大多数学者对这些作者的学识和创新精神赞赏有加，但同时也对他们一整套的创新方法提出了一些至关重要的问题。这些跨度达数千年之久、相隔数千英里的文明真的存在着内在的有机联系吗？人们是否应该将它们作为历史特征一样加以描述？为了做到这一点，是否有可能厘清历史的千头万绪并加以分类细化？如果斯宾格勒或者汤因比这样的人完成了这一切，那么，他们是否已经发现了任何实际存在的东西，抑或只是发现了一种将历史加以简化的方法，从而方便自己的研究？

　　在这些问题被提出的时候，否定的答案占了绝大多数。斯宾格勒和汤因比所谓的文明看起来无懈可击，因为它们是虚构的产物。也正是因为它们并非真实，也就没有所谓的存在或者消亡，当然也不可能有其鲜明的特色。

　　但随着时间的推移，不同的答案产生了。现在，在很多历史学家的著述中都体现出对文化融合与文化特征的敏锐意识。他们寻求政治、经济，以及美学之间的关系，不再把政治史视为一系列因果关系的组合，他们认为那是 19 世纪的一种过时的理念。对于那套理论体系，他们所加以摒弃的是用于划分时代的僵化、教条的方法，但仍然沿用了其基本概念。不同的文明之间的确存在着某种内在的有机联系，人们能够对他们的特征进行描述并加以区分。

　　拉什顿·库尔伯恩在去世前一年曾经这样写道："对于文明社会的比较研究来说，一项迫切的任务……便是建立一个稳妥的、所有这一领域的学者都能接受的理论大纲。"这位有创见的学者认为这项任务非常重要，我希望能以这本简短的论著为此开一个头。比较历史学的学生对有些方面的看法是完全一致的，这些学生学习过世界上大部分国家的文明。我把这些方面遴选了出来，并从这些方面来探讨，对于大部分文明来讲，有哪些是反复出现的常规特性？什么是规范、常态的文明？

　　库尔伯恩喜欢把托马斯·库恩所谓的范式这一术语运用于被特定领域的几乎所有研究人员都接受的一套理论当中。我这里试图要建立的，当然，或许可以被称为文明的模式。其他人既可以对此进行修正，也可以提出其他的模式。从这样一种互动中，或可产生文明研究的范式。

　　我要再次强调，本书中大部分内容均是对比较历史学家观点的归纳总结，而不是对历史本身进行详尽研究所得。实际上，由于我对很多文明的了解并不充分，所以在本书中我力图为自己的历史观留下了一定的篇幅，或者至少是放在了注释中，因为有些观点需要用实例加以说明。这些例子来自我所了解的中国、俄罗斯、印度、埃及以及西方历史。

关于注释的说明

我对注释的看法总是很复杂。我不喜欢诸如 17 这样小小的编号，它们迫使你将视线转移到书页的底端，从而打断了思路。但同时，如果我确实想对某一个方面做更多的了解，那么注释常常显得比内容本身更为重要。有时，注释能让我知道就某一问题应该再去读些什么书，或者能够知道作者的这些废话出自何处。

所以，本书中没有这样的编号，读者可以一章一章地读下去，无须参考任何注释。注释只是根据某个章节或者某个问题而安排，这样，读者只需在他最为关注的部分——如果他愿意的话——稍作停顿。

所引资料的出处列在每章的后面。如果读者对某些方面的问题想要做更多的了解，他便可以从中找到更多有趣、有用、有益的材料。我是从比较历史学家的角度在写作此书，所以注释仅限于比较历史学部分。这些注释可以让读者知道，他能够从中了解到什么相关信息，所以完全值得读者去做一番查阅。

注释：

1. 比较历史学

我用这一术语来指代对在不同文明中重复出现的现象的研究。用在这里不是非常恰当，因为比较历史学可以在一种文明里进行研究，而且它不一定包含关于历史的写作；相反，它涉及历史学、社会学、人类学和哲学与散见于书中其他学科的交叉和关联，这些学科要取决于作者的学识和意图。这一术语应该与H. G. 威尔斯或者威廉·麦克尼尔普通的叙述史区别开来，因为后者的重点并不在比较上（但属于历史学，这一点是不可否认的），而且与黑格尔派的历史哲学一脉相承。他们利用历史比较的成果来证明某一种具体的论点，而不是集中于文明自身。

我用来指代我称为比较历史学的其他术语是社会哲学（彼蒂里姆·索罗金）、文化史（A. L. 克罗伯）以及分析历史（卡罗尔·奎格利）。每一个术语都有各自的不足，但是如果差不多每个人都选择其一，勉而用之，我也就不再苛求自己了。

4　　2. 文明的实在

是否真的有所谓的文明？文明是否存在？我们所讨论的是客观存在的现实，抑或只是为了一些社会哲学家之便而进行的分类？有人声称，所谓文明只是一种权宜之策而已，纯属想象虚构的产物，从而使得一些批评家认为对文明的研究是武断的、不科学的，也让一些比较历史学家不敢去做根据不太充分的概括性的结论。

或许这些问题的答案取决于个人怎么看待实在的本质。各种文明之间既有外在具体的联系，也有内在精神上的联系，在不同时期，从不同空间加以审视时，文明也会显示出不同。但空间的概念也是这样，如欧洲，时间的概念也是这样，如路易十四时期。有形的实体也是这样。某一面墙真的存在吗？哈德良长城真的存在吗？哪一个哈德良建造的长城？对士兵而言，那是一条大道。对哈德良而言，那是一项策略。对游客而言，那是一个会被记住的地方。对学生而言，那是一个必须熟记的名词。对汤因比而言，那是一个时期的标志。对昆虫而言，那是一个它可爬行的表面。对于石头的分子而言，那是它活动的范围。

一种权宜之策真的存在吗？一种虚构的产物真的存在吗？哈姆雷特真的存在吗？唐老鸭真的存在吗？他们的真实性小于美国的商务部长吗？我知道美国的商务部长真的存在，因为我曾在报纸上见过他的照片。那么我会说，我也见过唐老鸭的照片，见的次数还更多。

实在由外在具体的关系和内在精神上的关系构成，两者的重要性会随着评论者内在于或者外在于某一文明现象而变化。文明的实在分具体和精神两个方面。大多数文明都如星云般模糊，这是事实，但是没有人否认星云的真实性。所以，任何人对于文明的描述都不可能适应于任何时代、任何评论者。克罗伯认为，文明的整体概念可能只是看待某个问题的一种居中的方式，而我们的下一代或许会提出一个终将会被证明是更加有意义的不同的宏观文化概念。因此，"文明"不过是研究者的工具而已；它很有可能会被其他东西所取代。或者，正如 G. M. 扬所说，文明可能仅仅是"德国人，以其简明、生动的方式称作为方法分类的实体化而已"。然而，文明理论的毁灭并不意味着文明本身的毁灭。

因此，我认为我们可以在文明的概念中发现价值，而不必对其"实在"感到忧心忡忡。文明存在于任何的语境之中，它们与 20 世纪的思维方式是相关联的。我们可以对它们加以辨别，对其特征加以描述，我们还可以从它们的行为中发现足够的相似之处，从而对其发展做出归纳，进而将这些归纳转变为一种行之有效的模式。

二　比较历史学家

每一种文明都有其自身的历史。因此，我们或许可以把那些将一种文明史与其他文明史相互比照进行研究的人称为比较历史学家。

几个世纪里所出现的比较历史学家寥寥可数：沃勒西尔斯、易卜恩·卡尔顿、博丹、勒·罗伊、维科、丹尼列夫斯基、伯克哈特、布鲁克斯以及亨利·亚当斯。但是毫无疑问，20 世纪两次世界大战的危机，以及考古学和人类学在方法论上的巨大进步，为迄今为止最具学识、最引人关注的比较历史学家的出现扫清了障碍。这其中最具影响力的是：斯宾格勒、汤因比、索罗金和库尔伯恩。

奥斯瓦尔德·斯宾格勒还只是德国一名默默无闻的教师的时候便开始撰写《西方的没落》一书，其目的是厘清第一次世界大战前的各种政治事件。最终，他扩展了最初的研究范围，并且认为政治只有同艺术和哲学的发展联系在一起才能为人所理解。他的书主要是对西方文明和希腊罗马文明的比较研究，对于其他文明也偶有涉猎。他坚守着不受外部环境影响的文明的独立性。他凭借闪现的直觉进行写作，所以他的书读起来或激动人心，或启发灵感，或惹人厌烦，或令人困惑。此书已由 C. F. 爱金逊翻译成英文，于 1932 年由伦敦艾伦和艾维公司出版发行。

6　　英国历史学家阿诺德·汤因比就在第二次世界大战爆发的前几年出版了他的《历史研究》一书（伦敦：米尔福德出版公司，1934—1961）。相较于斯宾格勒，汤因比所涉猎的历史知识更为广泛，对所用材料的文献佐证更加缜密，所掌握的不同种类的主题各异的信息，其数量之多令人惊叹。尽管对他来说，西方及古典文明更是他论证的核心，但他所描述的文明却超过了二十种。他不像斯宾格勒那样关注对文明的本质进行描述，而是更加关注它们被判断的标准。本书既会让人感到喜欢，也会让人劳神费力，因为它多有旁涉，而且很多旁涉都带有脚注和附录，在这些脚注和附录中所做的评述往往比所论证的观点有更加重要的意义。

正当汤因比单枪匹马地孜孜于他艰巨的工作时，俄裔史学家彼蒂里姆·索罗金开始让一批哈佛的研究生帮他从社会学的角度探讨一些相似的问题。他甚至比斯宾格勒和汤因比更专注于西方古典传统。他的《社会及文化动态》（纽约：美国图书公司，

1937—1941，4 卷本；波士顿：波特萨金特出版公司，1957，节略本）一书充满了所有可以想象得到的文化构建的统计资料，从艺术的类型、真实的系统到政府的运行方法以及战争的实施，无所不包。索罗金和他的学生不仅试图研究它们，还对它们进行评估。由于索罗金的写作都是以这些数据为基础的，所以读起来会比较困难。所幸的是，他的书总是充满了挑战的意蕴，特别是脚注部分。尽管他是他同时代比较历史学家的严苛的批评者，但同时也是这些历史学家所做工作的坚定支持者。

A. L. 克罗伯，比斯宾格勒大四岁。他直到第二次世界大战后期才出版了他的《文化成长的诸形态》（伯克利：加利福尼亚大学出版社，1944）（尽管这本书早在十年前就已完成）。相对于其他历史学家而言，库尔伯恩较为温和，不太排斥别人的观点。他对哪些领域应该进行更为深入的研究提出了建议，但并没有对自己提出的问题给出最后的答案。他一直想调和本领域其他研究人员之间出现的相互矛盾的观点，但却不像索罗金那样试图用自己的术语去解读它们。他用人类学的观点去考察文明，认为文明更为复杂，但并非与相对简单的文化截然不同。在对待非西方文化的问题上，他是四位学者当中最让人感到舒服的一位。他的写作风格成熟，有时因为他非常关注适当的表达，为了避免夸张，会显得过于复杂。

20 世纪其他一些学者也为比较历史学做出了卓越的贡献。

英国的埃及古物学家弗林德斯·皮特里，以其大胆的、几乎没有根据的猜想，在斯宾格勒和汤因比之前，提出了文明的本质和发展，各种文明之间的关系以及演进的动力。英国的天主教历史学家克里斯托弗·道森像一名比较宗教学学生一样对这一问题进行了探讨。他避免构建中心理论，像库尔伯恩一样，强调中间文化的重要性。昆西·赖特在很大程度上从汤因比那里获得理论支持，致力于国际社会结构的研究。谢柏德·克拉夫则集中研究文明的发展和经济体系的关系问题。美国人类学家菲利普·巴格比，归纳出了一些方法，并对比较历史学应该涉及的研究提出了建议，但是他的早逝使他没有能够完成自己的任何重要研究。

另外还有两位比较历史学家，虽然著书立说较晚，也做出了重要的贡献。拉什顿·库尔伯恩的研究专注于文明的起源和复兴。他强调文明持久发展和恢复的趋势，强调"样式"在形成对文明的描述时的重要性，以及在没有将一个僵化的、整体结构强加其上的前提下保持对部分比较（"一致性"）抱以接受的态度的必要性。卡罗尔·奎格利对《文明的进化》（纽约：麦克米兰公司，1961）一书进行了凝练而复杂的解读。他的风格质朴而常富于幽默感。他尤其致力于阐明文明在心理、体制和经济层面发展的相关性。库尔伯恩和奎格利代表着新生的一代：他们所使用的方法和手段比起前辈们更加完善，并且他们不那么教条。也许因为他们一直能够更有把握地证实自己的观点，所以并没有一鸣惊人，也没有那么引人注目。这很令人遗憾，因为他们还有很多话要说，还有很多东西需要被说出来。

8

三   文明是如何融合的

"文化"这个术语常被用来描述人与人相互之间生存的方式。有时候文化可能会简单而完整，很容易作为一个整体来理解，常常就像人类学家所研究的岛屿文化一样。

文明是巨大而庞杂的文化，常常凭借着对环境的更大程度的控制而与更为简单的文化区分开来。这种对环境的控制包括大规模的农业生产及动物的驯养。这些文明在技术上的进步足以让他们能使用金属并利用轮子进行运输。而这些经济上的优势又让他们有足够的剩余粮食和必需品，至少部分地，可以让一些人不用为维持生计而工作。而这种自由通常便使得城市得以建设，更为复杂的艺术形式得以产生，传达思想观点及保存历史记录的写作得以发展。因为，虽然更简单的文化发展得非常缓慢，以至于对它们的研究常常用固定的措辞加以表达；但是一种文明的发展非常之快，完全可以以年代顺序来划分：它具有历史（奎格利，《文明的进化》，69—76）。

　　通常文明融合了多种的文化及语言。但是文明从来都不会无限地扩张，文明不仅可以从其构成部分的文化中区分出来，而且也能和其他文明区分开来。当马可·波罗到达中国的时候，他意识到他所看见的是一种完全不同的文明。中国人和欧洲人有着各自的生活方式，他们之间交流甚少。没有一种社会同时包含了欧洲和中国。它们是两种截然不同的实体。地理上的区分并不总是这么清晰，但是独立形成和发展的文明往往在经历碰撞后依然能保持其独特性。

　　当汤因比把文明描述成"包含但不为他者所包含的"的习 9
惯和规范时（《历史研究》，455），他对文明既融合又独立的特性进行了总结。

　　这些文明必定有一定程度的融合。文明的各个部分是由它们之间相互的关系以及与整体的关系来定义的。如果某种文明是由不同国家组成的，那么这些国家之间比起这种文明之外的国家之间有更多千丝万缕的关系。它们之间或许会有更多的战争，外交往来也更为频繁，经济上更加相互依赖。相同的审美及哲学思潮会在这些国家盛行。

　　现有的融合程度随文明的不同而不同，并且在一种文明内会随着时间的变化而变化。有时，文明的各个部分之间联系得十分紧密，如果其中一部分发生变化，其他部分就会在区域性特点上以及观点和态度等方面受到影响。但有时，文明各个部分之间的联系非常松散，一部分发生变化对其他各部分的影响非常小。这种融合的程度在其他体系中也并不陌生。如果你从一支球队中减少一个人，你仍然拥有一支可以运作的球队，也许效果会差一些，但它照样参赛并且依然可以清楚地看出就是以前的那支球队。但是如果你从一粒原子中去除一粒中子，你会得到属性截然不同的同位素。同样，波兰分裂时，有一个州独立出去了，但这个体系仍然在运作，也许效率会低一些，但它照样运作并且依然可以清晰地看出就是原来的国家体系。但是，变革意味着一些深深融合于体系内的特性会发生更替，从而引起具有完全不同属性的文明的重构。

文明处于变化之中。有时文明融合得非常紧密，有时很松散，有时这种融合难以察觉，而外来的影响又非常强大，以至于我们很难判断它们是否确实存在。一些文明从来没有达到过高度的融合，而一些文明在很长的一段时期内一直保持着高度的融合状态。彻底完美的融合只是不断接近，但却永远无法企及。倘若果真有了这种彻底完美的融合，那么就不可能再发生变化了——显然，那是在原始文化中达到的一种状态，用物理学家的话来说，这是一种"稳定的"状态。在这种状态下，只会最小限度地调整变化，与代表特定文化的手工艺品的"稳定状态"有所区别。

10   文明是由大量融合的"体系"组成——政府的区域性体系与省级体系，农业区与工业区——这些体系还可以继续划分下去。我从索罗金那里借用了"体系"这一术语的这种用法；或者，用克罗伯的话来说（《人类学》，311），文明可以被看作是由"模式"——诸如艺术、哲学、宗教这些被再次分为不同流派及倾向的体系组成。这些模式是不同的组合体，正是这些组合体使得各个部分相互关联，并与作为一个整体的文明联系了起来。然而，各体系却有自己的完整性，不管他们是否恰好构成了一个更大的体系中的一部分。这些子体系就像是小孩子用来建造城堡的砖块，而各种模式则如同编织而成的地毯中的线绳。只有把模式与由其构成的体系进行比照，模式才能得到最好的研究。虽然我们在研究俄国政府的运作方式时，可以不考虑俄国的历史，但对于印象派艺术的研究却不能忽略其生存其间的社会。

注释：

一些术语：

人类学家用"社会"一词来指不同群体的人，用"文化"一词来指这些人的思维、感觉以及行为方式。这样一来，如果用"社会"一词来仅仅指代一般范畴的东西则是妥帖的，因为一旦要涉及任何具体的社会，你所指的便是文化。从另一方面来讲，因为考虑到"文化"所具有的美学和哲学方面的含义，历史学家更喜欢谈论"社会"，而对"文化"却持保留态度。在本书中，我更倾向于人类学家的观点，但是却带有一种愧疚感，偶尔也会出现前后不一致的地方。

库尔伯恩更愿意用"文明社会"一词来代替"文明"，因为后者具有太多的联想含义，并且，在某种文明的轮廓或许会被消除掉的地方（《世界史杂志》，第八卷，第一号，1964：18），开化的人类可以很清楚地被辨别出来。我支持这一观点，但"社会"一词的含义同样模糊不清。我们也只能对这些多义的术语持包容的态度了。

四　各种文明的独特性

当马可·波罗看到中国人在饮食、思维方式以及风俗习惯方面与欧洲人大相径庭的时候，他深感震惊。人们的行为以及思维模式给他们各自的文化赋予了独特的品质。因为在同一种文化里，各种模式之间相互关联，所以完全有可能区分不同民族的显著特征。

　　如果一位社会历史学家潜心研究英国人和美国人之间的显著差异，他便可以描述出两个国家各自的特点。而对于他们相同之处的研究则可以使他描述出两国共同文化的特点，因此便可把他们所属的文明与别的文明区别开来。对于美国人来说，差异或许更为重要：英国人看上去似乎比较保守、孤高，但却风度翩翩。对于中国人来说，相同之处可能最为重要：西方人注重技术发明，充满活力，但却比较肤浅。这样说来，个别文化与整体的文明就可以用几个术语或者一个词来加以描述了。

12　　虽然我们可以把文明作为一个整体来进行描述，但是通过对个别文明进行比较，尤其是在相同条件下发挥着作用的个别文明，我们能够对整体文明中发挥作用的特点认识得最为深刻。例如，如果给驻扎在韩国的西方士兵发一个排球，他们就会组成两队进行比赛；如果将同样的一个球发给在同一区域的韩国士兵，他们便会围成一个圈，相互传球。西方人喜欢记分，好胜心强，通过与队友的配合赢得他人的肯定，并且在赛后会对比赛进行讨论；韩国人不计分数，随时会给其他人让球，他们通过个人高超的球技赢得他人的肯定，随后几乎不再谈论。个人的行为方式以及他们所采取的娱乐形式是他们社会的写照。然而，与此同时，他们的文化之所以是其所是，是因为他们保持了以下的情形：他们游戏的形式适合个体而个体也适合那种游戏形式：他们彼此修正。西方人说那种玩法"像是韩国人"的玩法。他们这样说的意思是韩国人的娱乐方式和他们做其他事情的方式是一致的，他们有自己独特的行为方式。

　　一种文明的所有特点之间总是相互联系，相互修正。各民族之间总是互相借鉴，一个地区艺术与历史的发展会受到其他地区的影响，并且所有这些相互作用、相互修正的因素会在作为整体的文明中留下自己的形象。这种形象反过来会渗透到整个文明当中，并且会影响或改变迥然不同的各种因素。这些特征一旦确定下来，即使文明经历着巨大的变化，它们依然会在相互补充的过程中存留下来。因此斯宾格勒和汤因比想当然地认为荷马文明就是戴克里安文明。

斯宾格勒认为这种形象是一个"灵魂"，从一种文明产生伊始它便开始出现，并且始终贯穿和支配着这种文明。克罗伯将这一观点作了修改，他认为这个"灵魂"只是对各个模式与整体文明之间相互关联的概括（斯宾格勒，《西方的没落》，第一卷，179—180；克罗伯，《样式与文明》，102—102）。虽然我同意克罗伯的修改，但当斯宾格勒说这个灵魂出现在一个文明"诞生"之时的时候，他实际上已经对这个形象早期的出现表达着这样的观点：我们并不能确定一种文明是否产生，除非我们能觉察到这种形象的存在。

斯宾格勒也因为对文化特征的过分描述和过分强调它们无处不在的影响而受到了批评。在他看来，"纯粹和无限的空间"是对西方的表述；"表现个人身体的性感"是对希腊罗马人的表述；"迂回曲折"是对中国人的表述，等等（《西方的没落》，第一卷：183，190）。但我觉得他所勾勒出的这些鲜明对比是很有用的。我们知道，这些都是简化了的说法，在不同的情况下可能不得不对其进行修改，但如果一定要对文明做一番描述的话，我们就必须分辨出那些使文明显得独一无二的特征。一种描述如果过分详尽而降低了价值，那就很难发挥作用。萨默塞特·毛姆曾指出，如果一个小说家在人物刻画方面过于详细和精确的话，他的人物会显得毫无意义，前后矛盾。因此我们也无法理解他的人物形象。

人物刻画无疑是个人判断问题，它也无疑会反映此人的个性。然而，这一点对于任何叙事史的写作自然也同样适用：当资料充足时，观察者必须进行筛选；当资料匮乏时，他必须进行推理。对文明的特征进行描述的一个危险是，一旦完成了描述，它往往会影响人们可能会进行的进一步的了解。如果他说西方文明是浮士德式的，也就是说其代表人物往往有一种不屈不挠的欲望去探索、去洞察、去干预——他或许会觉得他应该向与这种描述不符的个人道歉，他也可能去寻求进一步的证据来最终证明，这些个人尽管看上去与描述不符，实际上却是相符的。但是，这是一个在所有假设性的表述中固有的问题。描述者、模式建构者和形象树立者一定要知道，他们的创造可能会被修正，甚至可能被可验证的数据资料完全推翻。

注释：

1. 通用的排球

埃及金字塔、巴比伦的金字形神塔以及基督教墓穴的原型可能都在山洞里（刘易斯·芒福德，《城市发展史》，9）。大多数文明会有一些雕塑的造型，除非被一种强有力的文化模式所排斥，比如伊斯兰教。

从另一方面来讲，社会的某些方面不管出现在哪里，都会有相似点，灌溉便是一例。它需要一系列特定的条件才能有效地进行。因此，尽管灌溉可能在不同的文化里被多次发明，但世界各地所依赖的技术都是基本相同的（维克多·冯·哈根，《印加人境界》，72）。

2. 形象

形象指的是一个体系的共有并被不断修改的写照。这个概念来自肯尼思·博尔丁的《形象》一书。文明的形象被其他比较历史学家察觉，并冠以不同的名称，如"形成性原则"（丹尼列夫斯基），"共同意识"（道森），"中心意义"（索罗金），"支配性的思想意识"（克拉夫）或"世界观"（史怀哲）。

3. 描述的深度

奎格利认为，斯宾格勒、汤因比以及大多数希腊罗马历史学家对文明的描述只是达到了古典社会肤浅的水平。这一说法对于所有文明和所有的历史都适合，因为"高雅"文化一直被少数人所创造。然而，一个俄罗斯的农民和一个法国农民是不同的。农民或许有共同的特征，因为他们可能的耕作方式存在着局限性。尽管这样，他们之间还是会有差别。这种差别，与他们所耕种的土地的特点相比，更多地可以从他们共有的文化特性中找出原因。

五 文明的界限

如果文明有其内在一致性，有可识别的独特性，那么文明就可以相互区分开来。但这并不是说文明之间没有交流和冲突，并不是说一种文明彻底摧毁另一种文明的偶然性完全不存在。但是诸文明一旦发展到影响广大、错综复杂的时候，无论经受多么巨大的冲击，它们依然能够保持自己的特性。一种文明吸收另一种文明的素材而不对其特性加以改变使其适应自己的模式，这种情况几乎不可能出现。任何不需改变即可加以转换的东西都与其基本的、机械论等功能有关——假如这些东西没有转换，那么在需要的时候，他们还是会在另一种文明中被再次创造出来。

有关描述文明的方法，以及这些文明存在的时间和地点等问题，人们的看法已经基本趋于一致。然而，关于是否应该更为重视实际存在的文明的具体模式，例如，语言、宗教、科技发展以及艺术的形式，还是应该更为重视实际的文明历史进程和独特的发展阶段，在这方面依然存在分歧。另外，关于时、空两方面的界限问题，以及影响较小、不够发达、缺乏连续性的文化究竟应不应该被视作文明，长期的、无规律的历史时期应该作为一种还是多种文明来进行研究，关于这些问题，也依然存在分歧。根据这些讨论，各个独立的文明一般都是从以下几个地区来加以分类的：

> 远东，在公元前 2000 年和当今之间
>
> 印度，在公元前 2500 年和当今之间
>
> 埃及，在公元前 4000 年和当今之间
>
> 中东，在公元前 4000 年和当今之间
>
> 地中海地区，在公元前 3000 年和公元 1500 年之间
>
> 西欧，在公元 700 年和当今之间
>
> 中美，在公元元年和公元 1600 年之间
>
> 南美西部，在公元元年和公元 1600 年之间

16　　　此外，还有一种很明显但不常被人提及的趋势，那就是区分从公元 500 年至今的南地中海地区伊斯兰文明、基本处于同一时期的东欧东正教文明，以及可能始自公元前 400 年的日本文明。日本文明已经与中国文明有相当大的区别，应该自成一类。

　　对文明的描述通常是令人不满的，时常晦涩难懂，有时闪烁其词。但是对文明的描述又很重要，因为若要尝试描述一种文明的历史，就有必要了解该文明的局限和分裂的原因；也因为比较历史学家就有关文明的问题基本达成一致意见，这有益于他们相互比较各自的研究成果；还因为，如果人们更好地理解发生重现的文明的结构，归纳总结重现现象将更有意义。

　　历史的重现和文明之间的关系尤为重要。如果我们对拿破仑感兴趣，那么我们既可以从他的弱点或者从欧洲表现出的恢复原有体制的活力两个方面来解释他为什么未能统一欧洲。但是到底是人还是当时的情形阻止了欧洲的统一？抑或是恰好两者共同导致了这种结果？我们来看一看历史上的其他例子。亚历山大也未能创建一个长久的帝国。是不是他和拿破仑一样面临着相似的情况？是什么让这两位最著名、最具天赋的人没有成就奥古斯都、笈多王或伊凡三世所成就的伟业呢？假如对这些人的成就做些研究，或许有助于我们洞悉拿破仑的事业。但是我们还要有一个更

为深刻的理解，如果我们也想设法了解这些帝国缔造者生活于其间的文明的背景，如果我们可以分辨他们是不是——用汤因比的一个更荒谬的说法——"哲学上同时代的"。

探讨文明的描述时，由于缺乏例证，人们总想为自己做一番辩解。因为只能找到 30 多个例证，汤因比为此感到很遗憾，而幸运的昆虫学家几乎可以找到成千上万的标本来研究。他让我们要有耐心，在接下来的几十万年里，如果一切顺利的话——不过（他说）不大可能很顺利——我们将会发现比现在多得多的例证。另一方面，侧重于人类学的历史学家认为，通过研究中期和原始文化，我们可以部分地弥补这种困难。对中期和原始文化的研究相对容易进行，还会为较大系统的研究方法提供更多的借鉴。（克罗伯，《样式与文明》，158—159；克里斯托弗·道森，《世界历史的动态》，425。）

如果你建议别人去这样做，那也没什么，如若你想自己研究这些问题，那是令人害怕的。汤因比全部的三十种文明，或者，就是斯宾格勒、克罗伯、库尔伯恩、奎格利所估计的八种到十五种重大文明，也足以让一个人终其一生去研究了。现在活着的任何一个人未免都生得太迟。至于那些较小的、衍生的无名文化，它们迟早会有助于对文明的评论和验证。但可以理解的是，比较历史学家们纷纷青睐斯宾格勒的直观概括，而不热衷于汤因比更为细致复杂的描述。对任何一个人来说，文明种类并非太少，而是太多。因此，让那些先驱们从不充足的样本中汲取素材吧，就像斯宾格勒和汤因比所做的那样，让学者们细致的工作、再思考和时间去修正或推翻那些假设吧。

注释：

1. 斯宾格勒关于文明的不可渗透性

在诸文明的不可渗透性问题上，我们都倾向于支持斯宾格勒的观点。克罗伯是一位公正、温和的学者。他说明斯宾格勒写作的时代和他要战胜的反对派，由此试图捍卫斯宾格勒。这样一来，在克罗伯的笔下，斯宾格勒成为一个先驱者，一个雄辩有力地指明方向的人。但我丝毫也不确定，在这个问题上，克罗伯，特别是他的继承者们比斯宾格勒所起的作用还要大。若这些解释合理的话，若我们再三斟酌的话，文明是具有排他性和不可渗透性的。这正是斯宾格勒的观点。只有他把这一点表述得更为精当。

18　　2. 甄别传承性的文明克罗伯提出了以下标准：永久性的征服；新宗教的建立，正如汤因比强调的那样；所涵盖地域的扩大与收缩；两个文化之间政治、经济、审美意识崩溃的严重性（《样式与文明》，145）。汤因比似乎更加果敢地（或者说更加轻率地，这取决于你的观点）区分同一区域的传承性文明，如在中国和印度的文明，或者在临近或搭接区域发现一种以上的传承性文明，如在亚非边境地区的文明。但是在他的《再思考》一书中，他回避了这些分类。

　　3. 文明与原始文化

　　文明应该在多大程度上区别于原始文化仍是一个处于争论中的问题。对于诸如克里斯托弗·道森和刘易斯·芒福德这样的学者来说，原始文化的各种表现与文明十分相像，而对于诸如斯宾格勒和库尔伯恩等学者来说，文明化的表现似乎是有明显区别的；还有些学者，例如克罗伯和菲利普·巴格比，他们把从属性文化与文明、原始文化区分开来。汤因比倾向于将这些不够发达、中断的文化视为文明。这就是为什么他会区分出大约二十种或者三十种文明，而与之相比，其他大部分比较历史学家只区分出了十种左右。

六 关于文明的六种描述

通过比较在这一问题上表述最清楚的六位比较历史学家的描述（见图1），我们可能判断出迄今为止达成了什么程度的共识。

绘制这个图表时，我在学者说明不超过一千年的地方冒昧地加了一个日期（在日期前面加一个字母"c"）。日期后面带有一个问号，意思是这个日期是推测出来的。问号后没有日期的意思是没有打算做任何推测。

这些材料大部分来自斯宾格勒《西方的没落》一书中的图表，汤因比的《历史研究》一书的索默维尔节略本第一卷567页以前的表5（在《再思考》一书的基础上稍加修改），克罗伯的《文化成长的诸形态》（663—758），巴格比的《文化与历史》（165—170），库尔伯恩的《文明社会的起源》（3—9），以及奎格利的《文明的进化》（37—93）。

库尔伯恩给早期文明所确定的日期总是早于其他人的，这很可能是因为他试图说明"文明"发源于何处，而不是去判定"文明"是否可以被说成是存在的。我想，汤因比、克罗伯、巴格比和奎格利都会认为在这些时期存在着高层次的文化，但他们要么不会承认这些文化已经达到了文明的程度，要么，更有可能是，会认为对这些时期的分类仍然是不确定的。

对于单个地区的一些评论或许有助于理解本图表。

远东地区——汤因比将华夏文明确定在公元前1500年到公元172年，将远东文明确定在公元500年到公元1853年。奎格利对这两种文明进行了类似的划分，即公元前2000年到公元400年的华夏文明，公元400年到1930年的汉文化。

汤因比认为划分现代中华文明是值得商榷的（《历史研究》，第十二卷：173—183）。

发源地	斯宾格勒	汤恩比	克罗伯	巴格比	库尔伯恩	奎格利
远东	中国的 1300B. C. —220A. D.	中国的/远东 1500 B. C. —1853 A. D.；"远东的分支" 500—1853A. D.	中国的 1200B. C. —1400A. D.；日本的 400B. C. —1800A. D.	中国的 1500B. C. —至今	中国的 c. 2800B. C. —至今	中国的/中国的 2000B. C. —1930A. D.；日本的 100B. C. —1950A. D.
印度	印度的 1500—200（?）B. C.	印度的 1500B. C. —475A. D.	印度的 600B. C. —1200A. D.	印度的 1500B. C. —至今	印度的 c. 2500B. C. —至今	印度的 1500B. C. —1900A. D.
中东	巴比伦的 3000—200（?）B. C.；波斯的 1A. D. —至今	苏美尔阿卡德的 c. 3500B. C. —100A. D.；伊斯兰的 1300A. D. —至今	伊斯兰的 530—1500A. D.	巴比伦的 c. 300—100B. C.；靠近东方的 1A. D. —至今	美索不达米亚的 c. 4500—600（?）B. C.；伊斯兰的 500（?）A. D. —至今	美素不达米亚的 c. 6000—300B. C.；伊斯兰的 600—1940A. D.
埃及	埃及的 2900—1205B. C.	埃及的 c. 4000—1175B. C.；克里特岛的 c. 3000—1400B. C.	埃及的 c. 3315—663B. C.	埃及的 c. 2700—500B. C.	埃及的 c. 4500—600（?）B. C.；克里特岛的 c. 3000—1100（?）B. C.	埃及的 c. 5500—300B. C.；克里特岛的 3000—1100B. C.
地中海	古典的 1100B. C. —200A. D.	希腊的 1100B. C. —378A. D.	地中海的 1200B. C. —1453A. D.	古典的 1200B. C. —300A. D.	希腊罗马的 1200（?）B. C. —500（?）A. D.	古典的 1100B. C. —500A. D.
东欧		正统的 700—1768A. D.			拜占庭的 600（?）A. D. —至今	正统的 600A. D. —至今
西欧	西方的 900—2200A. D.	西方的 700A. D. —至今	西方的 800A. D. —至今	西欧的 900A. D. —至今	西方的 500（?）A. D. —至今	西方的 500A. D. —至今
中美洲	墨西哥的 160B. C. —1521A. D.	中美洲的 500B. C. —1821A. D.	中美洲的 ?—1550（?）A. D.	中美洲的 1—1550A. D.	中美洲的 c. 1800A. D. —1600（?）A. D.	中美洲的 1000B. C. —1550A. D.
南美洲	安第斯山的 500（?）B. C. —1533A. D.	安第斯山的 500（?）B. C. —1533A. D.	安第斯山的 ?—1550（?）A. D.	秘鲁的 1—1550A. D.	安第斯山的 c. 1200B. C. —1600（?）A. D.	安第斯山的 1500B. C. —1600A. D.

图1

除了他本人，或许还有其他一些人可能认同克罗伯的观点，即公元前 1500 年之前，中国存在过高层次的文化，但问题似乎是这种文化是否应该被归为文明。斯宾格勒反对将日本文化单独分类（《西方的没落》，第二卷：49）。巴格比认为这样的分类依然要商榷，库尔伯恩却很明显地将日本文化与中华文化归在一起。

印度——汤因比提出了第二种文明，即印度文明（公元 800 年至今），同时他也承认这是有争议的。关于早在第三个和第四个千年是否存在印度文明的争议与中华文明的发源时间的争议是相似的。

中东地区——中东似乎是最难界定的一个区域。显然，克罗伯原本会将一个"古代近东文明"列入他死后出版的未完成的"花名册"（《文明与文化名录》，21）。这或许会与其他学者所区分出的美索不达米亚—苏美尔—巴比伦文明的情况相吻合。汤因比的苏美尔—阿卡德文明代表了在《再思考》一书中形成的一个修正观点。汤因比和奎格利区分出了公元前 2000 年的独立的赫梯文明。克罗伯和库尔伯恩认为，犹太人拥有一个始于公元前 2000 年的独立文明，而奎格利将犹太人、腓尼基人和迦太基人都归入迦南文明（公元前 2200 年至公元前 100 年）。克罗伯和库尔伯恩区分了始于公元前 1000 年的伊朗文明。汤因比甄别了似乎专门孕育宗教的叙利亚文明（公元前 1100 年至公元 969 年）。

埃及——在此达成了相当的共识。似乎无人接受皮特里关于埃及存在传承性文明的观点。

地中海地区——最近对克里特岛的研究表明，迈锡尼文明同时影响了克里特岛和希腊。但是，人们目前认为克里特岛文化似乎与希腊文化截然不同。斯宾格勒将克里特岛文明视为埃及文明的一个分支，但之后的学者并不支持这种观点。巴格比认为克里特岛文化是"从属性"文化，而不是一个文明。对古典文明的看法相当一致，尽管克罗伯将拜占庭文明与罗马文明归在一起。

22　　　东欧——斯宾格勒、克罗伯和巴格比将拜占庭文明分别并入古波斯文明、地中海文明和近东文明。对于俄罗斯文明却有不同的看法。斯宾格勒和汤因比认为俄罗斯文明是一种独立文明，库尔伯恩和奎格利把俄罗斯文明视为拜占庭文明的一部分，克罗伯认为俄罗斯文明属于欧洲文明，巴格比则认为尚不确定。库尔伯恩最后的立场是将拜占庭文明视为一种独立文明。

　　　西欧——关于这一地区，唯一不一致的看法是是否包括黑暗的世纪，或者是否把西方文明的起点确定在开始逐步恢复的某个点上。

　　　美洲——汤因比最初在中美洲区分了三种文明。在他的《再思考》一书中，他把这三种文明归为一种文明（《历史研究》，第十二卷：173—183）。库尔伯恩认为，克罗伯出版《文化成长的诸形态》之后，显然得出了这个结论：有足够的证据来确保对中美洲和南美洲诸文明进行描述。在他的修订版《人类学》中，他依然提到中美洲和安第斯山的"高层次文化"（777—801）。斯宾格勒从未详细阐述过秘鲁文明。他曾把秘鲁文明和墨西哥文明放在一起（《西方的没落》，第二卷：46），却始终没有进行归类。

23

资料源

1. 比较历史概述

在参考文献里对主要书籍作了评价。

2. 文明的概念

奥斯瓦尔德·斯宾格勒，《西方的没落》，第一卷：103—113，"文化的概念"；阿诺德·汤因比，《历史研究》，第一卷：17—51，"历史研究的领域"；A. L 克罗伯，《人类学》，252—265，"文化的性质"；彼蒂里姆·索罗金，《危机时代的社会哲学》，275—279，"文明或文化超系统"；菲利普·巴格比，《文化与历史》，159—182，"文明"；拉什顿·库尔伯恩，《文明社会的起源》，16—21，"文明社会的各种区别性因素"；卡罗尔·奎格利，《文明的进化》，第三章，"群体，社会，文明"。

如斯宾格勒、汤因比和克罗伯所见，文明概念受到索罗金的攻击（《社会哲学》，205—209）。但克罗伯表示，索罗金的文化波动概念与其他人的描述（《样式与文明》，179—181）联系相当紧密。

3. 文明的本质

索罗金，《危机时代的社会哲学》，205—208，"文明是文化的聚集体还是统一的体系？"；克罗伯，《文明名录》，10—11；克罗伯，《样式与文明》，173—182，"索罗金"；克罗伯，《文化的性质》，4，"物化的危险"；巴格比在《美国人类学家》杂志上的答复，第 55 卷：535—554，"文化与文化的起因"；彼得·戈耶尔（《与历史学家的辩论》，133—134）和 R. G. 柯林伍德（《历史的观念》，163—165）都有力地提出文明只是"权宜之计"的观点。

4. 文明的融合

索罗金，《社会及文化动态》，节略本，2—17，"文化融合的问题"。

5. 文明的特征描述

斯宾格勒，《西方的没落》，第一卷：183—216，"阿波罗精神、浮士德精神和僧侣精神"；索罗金，《社会及文化动态》，节略本，20—39，"文化的四大体系"，和《社会哲学》，277—278，"主要前提"的概念；克罗伯，《样式与文明》，99—103，"对斯宾格勒的描述的思考"；克里斯托弗·道森，《世界历史的动态》，41—43，56—59，"文明下的精神影响"；巴格比，《文化与历史》，117—121，"对特征描述的评价"；库尔伯恩，《文明社会的起源》，21—24，"体现个人特征的风格"；奎格利，《文明的进化》，173—175，"特征描述的深度和广度"。汤因比承认特征描述开启了"一个有趣的探究方法"（《研究》，第三卷：383），但他本人似乎不进一步探究。

6. 文明的描述

第六节包括了以图表和注释为形式的各种材料。应当提到另一种描述：弗林德斯·皮特里的那些描述，《文明的革命》，11—74。

第二章

文明是如何发展的

一　变化与连续性

诸文明变化不断，数百年来却一直保持着它们的特性。之所以会发生变化，是因为文明是一个持续运转、发挥作用的系统。当人们的行为打破禁锢的习俗并引发该系统的部分发展进程时，这又会反过来引发该系统其他部分的变化。

虽然有所变化，但是一旦建立了良好的融合模式，文明就会保持自己的特性。如果引起了变化，这些变化一定与这些模式有某种关系。没有考虑到这些模式的领袖就有可能被取而代之。

借助生物体方面的术语来描述这些进程似乎是很自然的：一方面谈论文明的兴起或发展，另一方面谈论文明的枯竭与死亡。这就使许多以社会为研究对象的学生感到痛苦，虽然没有感受到，他们觉得文化毕竟不是有机体（《西方的没落》，第一卷：104），斯宾格勒对此并未提出反对意见。然而，这些术语的出现不仅是因为没有更可取的术语，还因为这些类比引人入胜。人们像文化一样不断变化，却保持着他们的特性。但是许多人似乎保持的只是一种稳定的状态，他们一直生活下去而没有什么变化。如果他们确实有所发展，那是由于内因的驱使，或者由于他们生活于其中的文化允许他们的特性得以发展。一旦一个人的模式确定下来，他自己或其他人就很难改变这些模式。任何人最终都会衰弱、消亡，或被外界环境所吞没，或意外死亡或被谋杀。

文明是活生生的系统；人类亦是如此。

注释：

1. 内在主题

对固有或内在变化的强调在斯宾格勒、汤因比和索罗金的作品中尤为突出。这个方法在试图确定革命的起因、城市化、人口衰亡方面富有成效，因为这个方法让我们更密切地关注系统自身。但这个方法起到了应有的作用，像克罗伯、道森、奎格利这样的受决定论影响较小的研究者愿意接受这样的可能性，即内部变化在很大程度上有可能受到外界不确定因素的影响，这一点是很可取的。

2. 解体与社会秩序

肯尼思·博尔丁对于解体倾向与社会秩序动因间的冲突（《镜像》，19）进行了描述。斯宾格勒（《西方的没落》第二卷：172），汤因比（《历史研究》，第一卷：191—192；第三卷：245—249），谢柏德·克拉夫（《文明的兴衰》，207）一致认为，不论潜在的非人为力量是什么，正是人类的所作所为，通常是一些活跃分子的行为才创建了社会秩序的新水平（道森，《世界历史的动态》，57—58）。

3. 社会有机体

附带说一句，值得注意的是，生物学专业的学生有时把家庭与社会归为有机体。保罗·韦兹（《生物科学》，111—114）认为，凡能自我维系和繁衍的都是有生命的有机体。各种社会也归入这一类，而社会中的人们不比构成身体的细胞更加自主，他们的专门化程度也不比那些细胞差。你可能像韦兹谈论有机体那样谈论文化，认为文化可能被想象成由临时从环境中"借"来的材料构建的临时建筑物（《生物科学》，306）。

　　一种文化的一切有形特征都是通过人类的劳动从自然环境中提炼出来的。所有的观点都是对这些有形特征、其他人或环境本身的概括。

二　起源与解放

　　一种文明的特征通常会迅速地显现出来，这样一来，斯宾格勒便能说明其灵魂的起源。11 世纪哥特式大教堂的出现是对像浮士德之类的人诞生的生动纪念。当然，实际情况是我们通过某些特征来确定一种文明。我们尽可能追溯这些特征，直到我们认为是这些特性出现的最早时期，我们便称之为文明的起源。当文明开始发展时，在孕育了该文明的不同文化因合并、分裂、解体或毁灭而丧失同一性之后，该文明仍会存在下去。于是，犹太文明在美索不达米亚文明之后继续存在，拜占庭文明在古典文明之后继续存在。

　　与第一批文明起源有关的模式的汇集可能与环境方面的挑战有关，但是仍不确定这些挑战的本质，对于是否多次创造了文明也未达成共识。但对人类而言，从以狩猎为主的游牧生活到定居在世界各大河谷流域的农耕生活，这其中必定有某种原因使他们不得不这样做（拉什顿·库尔伯恩，《文明社会的起源》，67—109，在"文明社会兴衰的结构与进程"部分进行了修正，410）。这一转变过程一定极具挑战性，因为政治观念、经济观念必定发生了惊人的变化，而且还可能在两大文明（苏美尔文明和埃及文明）几乎同时产生之前就已造成多次失败。汤因比提出了一种人类可能造成的挑战：不同民族的迁移（这可能有环境的原因）常常迫使另一民族搬迁，并使其面临新的挑战，或者产生不同民族的融合，有时不同民族融合之后就是一种新文明的繁荣兴盛（《历史研究》，节略本，第一卷：75—79；克里斯托弗·道森，《世界历史的动态》，8）。

28 　　鉴于理解不同模式本质的重要性，你可能认为人们会对文明的起源或起因给予很多关注。情况并非如此。避免研究文明的起源已成为一种趋势，我想，对文明起源的研究源于比较历史学家对叙事历史学家的因果历史研究方法的摒弃。那个时期的历史学家倾向于从前几年的一系列外交事件中寻找第一次世界大战爆发的起因，却没有充分考虑整个文明的社会风气。从先前的事件中寻找起因意味着要在任何首先发生的事件中找到终极原因，即在局势之初找到终极原因，而不是在全部关系中找到终极原因。然而，最近，当叙事历史学家们更多地响应关系型起因，并较少响应连续型起因时，像库尔伯恩和奎格利这样的比较历史学家们似乎能够不怀冒犯之意地从事文明起源的研究。

　　显然，理解文化的某一方面与理解文化本身密不可分。如果我们能在该文化的形成阶段认识它，我们就能更好地区分那些在后期变得更加复杂费解的模式。此外，如果你正在研究不同文化的相同发展阶段，有时在同时代事件中无法得以解释的异常现象却可以在源于各个形成时期的模式变体中得到解释。于是，俄国革命在很多方面走上了与早期欧洲革命类似的道路。因此，我们应期望通过比较俄国革命与英法革命而大量了解俄国革命，正如克兰·布林顿所做的那样。但是，由俄国革命产生的社会与19世纪的法国在诸多方面大相径庭。这些差异部分源于工业革命的间隔发展，部分源于俄法两国历史模式的差异。

29 　　某种仪式化的宗教屡屡与文化发展的初期相联系。比较历史学家们几乎一致认同仪式化的宗教在各种文化形成过程中所起的主导作用。这一点适用于那些像库尔伯恩和斯宾格勒一样的历史学家们，他们完全认为宗教是社会研究要考虑的一个因素。这一点也适用于那些像汤因比和道森一样的历史学家们，他们认为宗教是"各伟大文明的根基"。在过于脆弱而不能承受内部不团结的文化中，某种神权领导似乎有必要得到该文化成员的支持。通常，这种宗教团结似乎与高度重视土地价值和家庭关系的经济体制紧密联系。有时，这种宗教团结与政体也有密切关系，例如，在伊朗文明与中华文明中就如此；而在其他文明中则截然不同，例如在古典文明与西方文明中则不是。

如果宗教在大多数发展中文明或复兴中文明里构成统一要素，那么该宗教的本质必将影响伴随文明发展的世俗化进程。世俗化，即逐步摆脱原来仪式化宗教统治的进程，似乎是一个反复出现和必要的过程。这种可能持续数世纪的进程使得所有政治模式、经济模式和美学模式脱离与宗教的紧密关系。没有世俗化，就没有文明的发展。显然，除非以内部僵化为代价，即以专制的神职人员对一切发展进程的扼杀为代价，否则，任何宗教明晰化或宗教成型都不会保留下来。

故而，起源研究，尤其是宗教研究常常与理解后期产生的世俗问题密不可分。而世俗问题的比较常会通过起源的比较得以说明。

注释：

1. 农业形象

博尔丁指出，在"农业革命"中，巨大的形象转变是必需的。人们究竟怎样努力去开垦葱郁肥沃的土地，却以完全贫瘠、褐色的土壤取而代之呢？

2. 传播理论与独立起源理论

导致文明产生的突破性进展独立发生一次还是数次，人们对此尚有争议。在我看来，出现在千里之外而零星分布的不同文明意味着文明是在相似的环境条件下被独立再创造的。

然而，这一解释还有不足之处。雅斯贝司困惑的是，两千年

30

中，为什么四大文明形成于四大不同流域（尼罗河、底格里斯
—幼发拉底河、印度河以及黄河），为什么更晚些时期的另外两
大文明却在美洲的不同条件下形成（《历史的起源和目标》，
13）？为什么是在这个最后的冰河时代之后，而不是其他的冰河
时代之后？人类的出现那么具有生物学意义吗？这个难题仍有遗
漏之处。答案可能包括我们还未探索的领域、文化超感官知觉或
类似的方面。

　　我对独立起源论的偏爱进一步被两本广受称赞的最新刊物所
削弱。这两本刊物想当然地认为文明在美索不达米亚只产生过一
次（刘易斯·芒福德，《城市发展史》，90—92；威廉·麦克尼
尔，《西方的兴起》，第三章，"文明的传播"）。库尔伯恩比芒福
德或麦克尼尔更重视这个问题，但他在 1968 年仍坚持认为传播
理论是站不住脚的。

31

三　瓦解与复兴

　　一旦文明取得了相当的一致性，其组成部分之间也建立了稳
固的关系，该文明发生变化的可能性就越来越小。这适用于各级
体系和构成这些体系的各种模式。一个特定文明的极限主要但非
完全取决于其形成时期呈现的特征。一个文明的各种模式一旦得
以确立，这些模式的发展往往彼此相关，直到每个模式实现自身
的潜能。

　　例如，几何学的发展是希腊式数学的发展，是希腊文化中的
一种模式。它似乎与希腊人强调比例和偏爱有形物体——因而偏
爱整数而避免负数和分数有关。显然易见，一旦达到几何学的所
有可能性，该领域的创造力定然枯竭，或者数学活动必须转向其
他形式，或者必须找到某种方式，在几何学中加入能够提供进一
步发展空间的新要素。然而，如果做出这样的增补和变化，由此

而产生的构造可能与所谓的几何学几乎没有关系。这些构造可能被冠以新名称而归类，而且被认为是另一种数学的组成部分。

然而，如果几何学在一体化的社会中发展，如果几何学是古希腊罗马人偏爱有形形态的一种体现，如果几何学与"对奥林匹亚诸神的感官崇拜"这个裸体雕像有关，如果几何学也与政治上相互独立的城邦有关（斯宾格勒，《西方的没落》，第一卷：183），那么只有整个文化也处于转型之中，几何学才可能改变。否则，如果添加新的要素，几何学就会失去与其文化的联系。这样的变化的确会发生，但并不常发生，除非整个文化都处在解体的边缘。以希腊人为例，这样的变化并未发生。"他们想用几何与整数式的风格做的事，他们做成了。其他的数学可能性……完全留给其他民族和时代去完成……"（克罗伯，《人类学》，330）

几何学模式则具有内在局限性。显然，一切模式往往会达到顶点，除非不断逐步地增加新材料。当人们意识到各种可能性的限度时，可能会有一些思索。开发了一个矿脉或矿脉群后，矿工们面临两难境况：他们可以进一步开采次级、低产的矿区；他们可以在主矿脉大量产出时返回并尝试寻找被忽视的某种矿石；他们可以寻找新矿脉；他们可以关闭此矿，开挖彼矿；他们可以放弃。

艺术模式与矿的模式有几分相似。形成并研究一个思想或重大的一系列思想后，发展中的艺术家面临两难境况。尽管五十年前艺术家们创作自如，作品颇丰，如今，他们发现他们对现存模式能作的补充本质上是次要的或阐述性的。有些人会乐此不疲，有些人会重复当前前辈的模式，有些人会回归更早的时期，希望发展来临时，一些可能性被忽略了。有些人会四处探寻，会感到不自在，会试验，会挑战旧有模式，而不尝试进一步发展这些旧有模式。有些人会放弃。

接二连三出现的各种模式的顶点形成了整个文明的顶点。文明的顶点易出现在模式的发展初期，早在创造阶段终结之前就会出现。产生创造性的深层因素开始改变很久之后，创造性的显示者才出现。例如，中国的第一个伟大帝国形成之前，诸子百家（公元前 500—公元前 300 年）就塑造了该文明的观念。雕刻艺术经历了大汉帝国（公元前 200—100 年）和大唐帝国（公元 600—500 年）两个重要的发展期。诗歌历经三国和唐代，形成了长久的活跃期（公元 200—800 年），绘画在宋朝时期（公元 950—1100 年）达到了顶点。尽管戏剧和小说在宋朝之后的历史时期中有所发展，但似乎不如早期那样生动活泼。在高度文明的宋朝时期，衰落就伴随其中，但是早在三国时期，大部分模式就得以确立，而且在整体衰落来临之前，被证明是中国风格核心的哲学模式也已被清晰地勾画了近千年。

33　　　一旦一种或一系列相关的模式过了顶点，三种可能性有待选择：它们可能解体消失；它们可能在稳定的状态中保持不变；或者它们可能经历一段转型期，其间，出现进一步发展之前，解体发生，同时增加了新元素。像较小的体系一样，文明面临这些选择：要么解体、僵化，要么重构并进一步发展。

　　　所有系统和所有模式中都有促使融合与解体发生的力量。在发展初期，促进融合的力量发挥主导作用，直至既定模式或体系到达其顶点。倘若随后的解体在一个文明中长期不受抑制地发展，该文明就不复存在了。该文明消亡了。公元 100 年至 700 年，罗马帝国实际上从西地中海消失了。该地区的文化变化如此之快，以至于几乎无人能在其中找到存在的统一性和延续性。即使在文明的总体进程趋向融合与统一时，构成文明的较小模式也自然经常解体和消失。

34　　　通过至为重要模式的僵化，融合的进程可能受到抑制。一个强大的中央政府，通过维持既有体系，杜绝正常变化，就有可能使其文明长久存在下去。但这样的文明会缺乏生机，其形式会被无休止地重复，其创造力会枯竭，其活动除了生存，毫无意义。这似乎恰好发生在埃及文明以及更近的中国文明和伊斯兰文明中。在一个能对政治和经济职能进行强大集中调控的文明中，这有可能再次发生。在文明的子系统中，僵化更为常见。这些子系统往往变得繁缛不堪而不能再发挥其职能，但是它们可能作为仪式而继续存在，它们的职能则被其他与某一问题相关的系统所执行。英国王室与议会之间关系的变化，或日本天皇与幕府将军之间关系的变化会提供范例。

　　解体的过程可能由内部努力来完成，或由来自新材料和新看法之外的冲击完成，这很可能导致不适宜的旧框架迅速瓦解。然而，因为正在寻找新答案，或者因为内部分裂使得吸收外来思想和手工艺品成为可能，所以随后可能出现新的发展期。看起来是一场灾难性的旧模式的解体，却由此创造了一种产生新的、或许更大发展的条件。大唐帝国的瓦解与复兴和西方文艺复兴的出现就是这类重组的例子。如果人们坚持了受尊崇的儒家模式或基督教模式，他们各自的文明就可能消失了。事实上，他们能够过渡到陌生的模式，中华帝国的模式被赋予了一个切实可行的基础，文艺复兴发生了，西方历史的现代阶段成为新的发展之一。

　　重组这个概念扰乱了那些试图有序地排列历史的人们。如果解体中的文明能复兴并踏上下一个发展阶段，那么把文明分割成有序的部分显然是难上加难，例如这一阶段持续 312 年，那一阶段持续 435 年。准确预测那些仍然存在的文明的命运也会非常困难。《启示录》能近乎准确并更加震撼人心地做出准确预测。使情况更糟的是，这些时期里异域文明的频繁入侵使得决定是否发生了复兴还是解体中的文明的确被另一种文明所代替变得困难。巴比伦文明是独立的实体还是苏美尔文明的第二个发展阶段呢？为了描述罗马帝国的衰亡，你也必须像吉本那样讲述拜占庭的历史吗？

　　然而，来自这个概念的是形成时期与解体时期惊人的相似　35

性。在这两个时期，事物都在变化，而且人们有绝好机会分担命运之时，他们也面临失败的巨大风险。人们为融合期的灿烂、成就和安全付出代价，失去了远不止经营一家兴隆公司的能力。人们在体系内可以取得伟大成就，却无法改变体系。因此，你可以说有高度融合期，也有低度融合期。在低度融合期，起作用的既有解体的力量，也有形成的力量。只有回顾往事，你才能确定哪种力量起了主导作用。

在所有这些修正之后，有多大的可能性去概括文明的形成与发展呢？或许用交响乐作类比会有所助益：一部交响乐的主题或几个主题大致等同于我们用以描述文明的中心思想或象征。呈示部的完成相当于文明的顶点。展开部相当于解体，其间，原有紧凑的素材被发挥、思考和详述，但鲜有新的内容。再现部可比作发展的方方面面，这些方面与对早期的再审视有关，与追求恢复基础有关。尾声可以代表最终的瓦解，终结，或者尾声可以证明是产生新主题的小尾声，能够使新组合与发展出现，相当于重组出现。如果你正在聆听一部熟悉的交响乐，你就知道尾声所指。倘若第一次听，就得听听看。如果展开部被过度发挥，缺少再现部或尾声，主题素材变得愈加陈腐啰唆，那么，这部交响乐就像有些文明一样变得僵化，失去吸引力。如果结尾的尾声停顿一下，以新节拍和新调开启新主题的新乐章紧随其后，这就等于附属文明中的英雄时代（见边码第115页），即一套新模式的形成。

文明就像交响乐一样，尽管形成、解体与重组不断更迭，却保持着独特的模式。

36

注释：

1. 顶点的其他概念

汤因比的文明崩塌观从另一层意义上也描述了一种文明的各

种模式的顶点。他把崩塌看作是从文明史中的关键转折点做出的回顾性选择，这个转折点是一系列顶点中至关重要的。

一些比较历史学家，包括斯宾格勒，克里斯托弗·道森和刘易斯·芒福德，认为顶点源于对形成期文化的传统强化物的根本背离，即对仪式主义宗教、农业经济和紧密的家庭制度的背离。这一点，正如我们将看到的（第三章、第四章），确实描述了封建社会的各种模式达到顶点的过程，但它不一定表示整体文明的顶点。

2. 解体：好还是不好？

"解体"一词不可避免地带有否定含义。看到处于解体过程中的人或房屋确实是不愉快的经历，生活在一个正在解体的文化之中无疑也是不愉快的。但是正如许多生活在村庄或高度一体化的郊区的人们发现的那样，高度的融合也有不愉快，而解体可能是一个必要和解放的过程。

3. 制度的僵化

汤因比把僵化看成是把制度变成"暴行"的过程。制度因挑战而建，当制度不能再面对挑战却继续存在下去时，制度就变成了暴行。奎格利认为这种现象是大部分体制存在期的正常趋势：这些体制是为了服务于一个目的而创建，却逐渐变得烦琐不堪，并为既得利益所困，以至于这些体制的主要目的变成了维持自身的生存。肯尼思·博尔丁的形象概念也与此相关。他说尽管世界在发展，最成功的形象却可能坚持原状（《历史研究》，第四卷：133—245；《文明的进化》，第五章；《形象》，79）。

4. 作为重构的文艺复兴

大多数叙述历史学家接受的西方文明的中世纪/现代之分承认两个可单独对待或整体对待的相对融合期的存在。文艺复兴是一个解体和重建时期，现在看来，这一时期似乎是西方文明的重建。中世纪历史或被作为一个实体来研究，或被作为给现代史的重构模式提供启示的时期来研究。

37　　5. 鲍勒的连续体

　　唐宁·鲍勒把所有形式，社会的和自然的形式，都视为纯能量与总复杂性之间的连续体上的波动。纯能量是体系的各实体之间毫无关系的情况。总复杂性是实现了各实体间所有可能关系的情况。前者代表完全解体，后者代表最大可能度的融合。连续体的各极点之间的交替如图 2 所示：

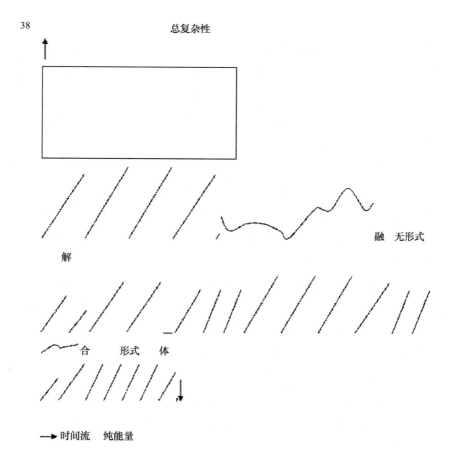

图 2

这些波动的顶点可代表相对的高度融合期。

四　规律与异常

总体上说起各个文明的行为，意味着在文明之间可以做有意义的比较。概括规模、知识、技术和总体发展方面大相径庭的各种现象显然是困难重重。我们自己的文明，尤其是在核时代，似乎与古埃及或苏美尔几乎没有关系。然而，它们的相似性却意义非凡。一切文明皆被作为人类努力解决人生基本问题的副产品而创建。这些问题有所不同，解决方法也就有所不同，但普遍的模式是无可置疑的。

我们通过体验学习。即使十种体验也会教给我们很多东西。如果我看见十个患感冒的人，我会观察一些反应。有人会用手帕擤鼻涕，有人会用纸巾擤鼻涕，有人可能用袖子擦鼻涕，有人可能任鼻涕流下。无人会从楼梯上滚下来。无人会在浴缸里倒立。因此，有可能概括一下各种反应，甚至可能将各种反应分门别类。我甚至能预测我遇到的第十一个患了感冒的人。这些预测可能是错误的，却可能更接近目标，而不是为了证明首个不幸言中者。

因此，我会期望遭受日益升级的全面战争蹂躏的文明以某些方式做出反应。该文明可能继续遭受蹂躏，或者冲突得以化解。但是我会期望该文明幸存下来；我甚至会预测该文明不会消亡。如果它确实消亡，我只能说说这是个特例。

重现是个显著的历史现象。坚持认为历史总是独一无二的，只是否认这一显著的历史现象而已。但是思量这些重现时，若不顾及它们的文化背景，便会误读这些重现。外部形式的复制可能毫无意义。文艺复兴恢复了古典形式，维多利亚时代恢复了哥特形式，但我们并未因此把它们作为复兴时期相提并论。

另外，外部不同的形式可为不同社会的相同目的服务。例如，奎格利认为，苏美尔牧师和西方骑士履行了剩余聚集者的相似职能。斯宾格勒已给出无数有关大教堂、时钟和对位法之间关系的例子，这些例子若不令人信服，也很引人注目。我们也许争论一些例子的真实性，但关键是，在比较文化的语境中审视那些似乎毫无关系的现象时，却是以新的角度来审视它们。

我们不必像斯宾格勒那样深入地坚持认为，对一种文明的诸方面而言，都可以从其他所有文化中找到对应的一面（《没落》，第一卷：112）。重现很可能是偶然的、部分的，或者频繁的，但很少是普遍的。比较历史学家们更有可能书写文化"规律"。某些现象，如封建制或肖像绘画，定期出现，在大部分文明中似乎履行相似的职能。但是有时候，它们并不出现或被其他东西所取代，这种情况被称为"异常"。鲁斯·本尼迪克特（见参考书目）构想了一个半圆形的可能行为谱，每个文化从中选择一个楔子。每一次选择某种行为，摒弃其他许多种可能的行为。文明可能从文化派中选取相当大的一份，但文明的已选模式仍留下大片空白区域。有审美倾向的文明可能产生不了深度哲学。甚至看似普遍的形式，如音乐或写作，可能在发展中被排除或延迟。在一项规律研究中，完美的关联会令人吃惊。我们在除伊斯兰文明外的所有文明中发现了雕刻形式；在除墨西哥文明和秘鲁文明外的所有文明中发现了写作；在除美索不达米亚文明外的所有文明中发现了帝国；在除埃及文明外的所有文明中发现了国际体系。

40　　　　没有重现意识，就不可能理解异常。可是一旦理解这些异常，它们就提出原本处于休眠的问题。如果埃及文化是你了解的唯一文化，那么就永远不会考虑文明中国际关系的思想。但是当埃及被视为十大文化之一时，我们马上会问为什么没有实现城邦制或民族国家制。在这文化模式或外部环境中，是什么造成了这种异常？该文化里有其他因素履行相同职能吗？在西方文明中，我们尤其受到各种事件的吸引。我们分析评价这些事件。但是我们很少关注未曾发生的事情。在原本可能发生的或没发生的事件上浪费时间，被认为是理论性的而非不负责任的，是对历史研究不必要的而非异想天开的复杂化。在斯宾格勒和汤因比之前，历史学家把欧洲作为主权国家制进行研究，这是历史学家探索的特定条件。然而，询问为什么欧洲是国家制则是非常值得尊敬的：这是像东南亚模式一样的模式吗？或者它还未到达帝国时期吗？正如古典历史上古希腊时期的情况或莫卧儿帝国之前印度的情况？只有揭示异常的比较研究才让我们关注没发生过的或未曾发生的事情。

注释：

工业重现

文明层面的重现必然听起来神秘。但一种文明内的规律被认为是理所应当的。在工业革命中，相同的模式屡次自我重复，所以对不发达国家的精英们而言，鉴于管理方面必要的资金、一定程度的正直与能力，以仿佛知道本国经济和社会将会发生什么的口吻去言说是很常见的。

五　为决定论辩护

41

比较历史学家们常常因其决定论倾向而受批评：决定论意味着对未来无所不知，导致了经常表述于荒诞体系和图表的严格的时间空间概念，常常助长悲观无望的态度，并否认个人对自身命运掌控的可能性。

这种对决定论和历史必然性的担忧可能过度了。毕竟，如果比较条件和力量的作家们不倾向于强调人类无法控制的发展，那将会令人吃惊。然而，不可否认的是，再现模式的存在意味着预测未来的可能性。一旦你承认这一点，你自然就希望去预测自己文明的命运。斯宾格勒就是这样做的。他告诉我们，当他读数据时，我们能够料想大约公元 2200 年这些数据的消亡。这保证了他三百年不变的声誉。索罗金不仅知道将会发生什么，而且知道如何促成发展。汤因比则犹豫不决，模棱两可。我能够明白汤因比的谨慎。他不想使他一切学习研究的成果有赖于他预测单个文明进程的能力。

有时，为了逃避这种尴尬，否认一切预测能力来得更容易。涉及预测，汤因比和索罗金常常这样做。但是你若说你不能预测，那么你就得解释什么是好的比较研究，比较研究的结果是什么。目前为止，这对任何一个历史专业的学生都是耳熟能详的问题。当然，常见的是，最抽象的研究却是最实用的研究。在解决外国政策问题方面，专注于文明及其构成模式比较研究的学生比专注于这些问题本身的学生可能做出了更多贡献。前者可能贡献更大。猜测一般性研究的实用结果实属不易。如果你过早地推测，就会妨碍你的客观性。

42 　　所以，文明比较研究对未来意味良多。但这不是文明比较研究的唯一理由。

思想的决定论色彩，加上比较历史学家们一直在进行全面历史研究的事实，经常导致相当严格、教条、包容一切的体系的创建，这些体系寻求永远回答一切问题，并将历史简化为一系列图表，文明在这些图表中就以训练有素的马戏团动物的可预测性完成其发展。一有问题提出就解答这一切问题的体系似乎会破坏历史学家进一步发展思维的能力。以斯宾格勒为例。他 37 岁时完成《没落》。在其后的 19 年里，他便少有建树。假如他谨慎有加，假如他暂不做判断，难道他不能建树更多吗？这很难说。那些确实暂停判断的人总是从不得出任何结论。同时，这些体系提供一个参考框架，而不是阻断进一步调查。正是斯宾格勒的教条主义迫使那么多历史学家去重新思考他们的立场。

更为教条的是常与比较历史学家的体系相伴的图表。但是必须要承认这些图表是模型，这样它们就要为了明白易懂而牺牲准确性；它们就一定有主观武断的成分。制作一张文明周期表并不比制作一张商业周期表不合理。而且比较历史学家要绘制未知的东西，尽管他肯定会犯错误，正如16世纪的制图员绘制地图是理所当然的，尽管今天他们使我们觉得好笑。

教条的体系和图表也可以减少弥漫在长期重现现象之研究中的虚幻感。人们容易相信密布的较小事件的重现，如相信经济大萧条的重现。但是不易验证的、定然不在任何人经验范围内的重大模式的重现就使人老是轻信。简明的图表可以把这样长的比较序列带入明白易懂的领域。

人们有时认为对文明衰落与消亡的研究反映出一种不健康的 43 悲观情绪，一种听任历史力量摆布的愿望。不管一个作家的结论是"乐观的"还是"悲观的"，自然都无关紧要。你所能问的是他是否明智地选择了数据以及他的结论是否合乎逻辑地源自这些数据。比较历史学的结论也不完全是悲观的。重构的概念已彻底废弃了必定迅速走向灭亡的文明之画卷。特别是克罗伯，他力求根除前景黯淡的术语。若没有这一切，文明比较研究中仍存在缕缕强烈的悲观。在该世界，这种悲观似乎有巨大的实际意义。但是困境也可以是颇具挑战的处境。人们能够而且确实挺身迎接种种困境。了解真理或了解可能之事未必能阻止他们。我应该担心否认人生黑暗面的人们，那些杀害带来噩耗者的国王（或批评家）。

条件决定崭露头角的创造性个体的类型。克罗伯在《文化成长的诸形态》一书中似乎已确证天才的造就不是个机会问题。一个人的伟大之处部分在于他衡量其环境的能力以及利用其可用政治和经济机构的能力。历史研究揭示了人的局限性，但是历史研究不必阻碍人的行动。理解历史模式非但不令人气馁，还能鼓舞人去闯。

资料源

44　　1. 文化变化

彼蒂里姆·索罗金，《社会及文化动态》，节略本。第三十八章，"固有变化"；克里斯托弗·道森，《世界历史的动态》，3—11，"文化变化的源泉"。

　　2. 起源

奥斯瓦尔德·斯宾格勒，《西方的没落》，第二卷：33—38，"文化的诞生"；阿诺德·汤因比，《历史研究》，第一卷：271—299，"挑战与应战"；A. L. 克罗伯，《文化的性质》，第一章，"起因与起源的解释"；道森，《宗教与文化》，第三章，"宗教与文化的关系"；拉什顿·库尔伯恩，《历史上的封建主义》，364—383，"封建主义"；库尔伯恩，《文明社会的起源》，第三章，"河谷"；卡罗尔·奎格利，《文明的进化》，第三章，"群体、社会与文明"；卡尔·雅斯贝司，《历史的起源和目标》，44—48，"早期文明的特质"。

　　3. 顶点

45　　斯宾格勒，《没落》，第一卷：31—36，"文明的问题"；汤因比，《研究》，第四卷：1—5，"崩塌的问题"；第四卷：119—137，"自我决定的失败"；第五卷：1—15，"解体的问题"；索罗金，《动态》，节略本，第三十九章，"限度的原则"；克罗伯，《人类学》，326—328，"整体文化模式的顶点"；《文化成长的诸形态》，763，796—797，813—825，"顶点、重构与文化死亡"；奎格利，《进化》，77—78，"改革与规避"；弗林德斯·皮特里，《文明的革命》，第五章，"不同活动之间的关系"。

4. 总周期（第 2 节和第 3 节）

斯宾格勒，《没落》，第二卷：第四章，"城市的灵魂"；索罗金，《危机时代的社会哲学》，239—241，"一个生命周期的谬论"；索罗金，《社会、文化与人格》，第四十七章，"文化体系的寿命、死亡与复活"；克罗伯，《诸形态》，836—846，"结论"；《一个人类学家的历史观》，第二章，"文明有活生生的历史吗?"；奎格利，《进化》，第五章，"历史变化"。

5. 规律

斯宾格勒，《没落》，诸卷图表，"当代的精神、文化与政治史诗"；汤因比，《研究》，第九卷：338—348，"法律是无情的吗?"；第七卷：327—331；第七卷：569—576，有关普遍状态和高级宗教的图表；《研究》，节略本，第一卷：第 566 页后的图 5，总体诸文明；索罗金，《动态》，节略本，第四十一章，"超节律的原因"；克罗伯，《样式与文明》，149—160，"结论"；库尔伯恩，《历史上的封建主义》，383—395，一致性；莫里斯．E．奥普勒，"文化理论中的人类"，《美国人类学家》（1964 年 6 月，第一部分），507—528；朱利安·斯图尔特，《文化变化理论》，87—92，"经由比较法发现规律"。

第三章

政治与经济模式

一 封建、国家和帝国阶段

至此，我已从诸文明的总体发展方面考量了诸文明。现在，我想谈谈构成诸文明的体系与模式的类型及其不同发展阶段与整个阶段有怎样的联系。显然存在着大量的混合模式，为了处理这些模式，某种概念性框架将是必要的。因此，我将在本章专门讨论我们在叙述历史写作中强调的文明的政治与经济方面。下一章，我将考量赋予文明意义和色彩的思想、美学思考和态度。这样，我们就具备了构建一个模式的建筑材料。

文明似乎从一套极为复杂的、个人的、分散的关系发展而来，我们西方人通常把这样的关系与封建主义联系起来。但是封建体制迟早要发展成一种更加简单、更加集权化、更加没有人情味的体制，我们称为国家。如果一些国家的发展彼此相连，就称为国家体制。如果一个国家获得了对其他国家的霸权，我们就说形成了一个帝国。如果该帝国处于中心，且与其周边较小的独立国家有关系，我们就把这种关系体制称为帝国体制。封建体制通常出现在一个文明的形成阶段，或者出现在该文明从灾难中恢复之时。国家体制通常随后出现，但是文明可能在国家体制与帝国体制之间数次摇摆，就像中国文明的情况一样。

绘制一个模式时，应对每一阶段给予同等重视，但是我们生活 48
在一个从多方面看似乎行将转型的国家体制之中，因此，我们自然
而然对这一阶段尤感兴趣。比较历史学家们受到启发，展开写作，
因为他们认为西方就处于这一阶段，这可能使他们过多地关注这一
阶段。反过来又可能歪曲所尝试的模式。往往会过度详细地绘制
转型阶段，并且封建体制和帝国体制似乎作为整个国家体制的序曲
和尾声而存在。这是此刻我能认可、修正但不会忽略的一种歪曲。
可能 20 世纪为历史学家提供了更多超然的机会，但是历史学家仍然
要从某一立场写作。也可能是在众多文明之中，国家阶段确实更加
有趣、更加重要。

在某些时候，大多数现存文明往往使自身有机地连贯起来，正
如汤因比所说，"成为一种相互独立的小国的体制"（《历史研究》，
第三卷：301）。一般认为若干这样的国家产生于同一封建体制，彼
此互不关联。德拉古和梭伦可以专注于内在问题，而不用过多担心
来自科林斯或斯巴达的干预，它们有它们自己的问题。中国春秋时
期的诸侯国在它们的冲突更加恶化之前彼此一直保持胜负难定的关
系。显然，同样的问题存在于封建体制的广大领域，诸侯国集中体
现了解决这些问题的尝试。封建体制自身显然处于转型之中，而政
治变化仅是这个转型的多种表现之一。正在解体的政治体制已是君
主和封臣之间复杂的政治关系之一。这些关系一直变化不定，常常
陷入分裂和战争，以澄清权力，但是该体制得以幸存的话，这些不
稳定的关系必定给予充分保护，使该体制连贯并能发挥作用。该体
制被别的体制取代表明封建体制已过顶点，如果未发生僵化或解
体，那么重构就是必要的。国家体制在如此众多的文明之中重复发
展表明，这是对现存挑战最有效的回应。退一步来讲，显而易见的
是，封建体制本身是早先挑战的产物，该挑战要么源于出现了使原
始社会成为不可能的条件，要么源于前一文明的解体。

一旦诸侯国从正在转变的封建体制中产生，它们便开始相互 49

交流。那么就有可能谈论国际关系，虽然诸强国可能不是民族国家，而是城邦。起初，它们的交流可能是外围的或地方性的，但是随着它们的发展，这种交流扩大，直到这些国家"联合发展成一个将国际舞台各领域内的整个活动吸入其中的旋涡"（汤因比，《历史研究》，第九卷：261）。在这个过程中，一些新兴国家可能被其他国家消灭，但是最终一些幸存的国家进入一种不稳定的势均力敌状态。根据这一时期防御其他任何国家的技术，每个国家都足够融合，足够强大。但是没有一个国家强大到足以征服其他任何一个国家。（在国家间的冲突中，防御一般比攻击更具优势。）权力的平衡就这样产生了。

变化时时发生。新方法得以发展，一个国家由此能够增强与其他国家相处的实力，或者一场灾祸就使一个国家变得更加弱小。如果一个国家变得更加强大，它的邻邦们可能寻求相互支持，以抵御它的势力。分分合合的联盟往往使任何一个国家得以生存，而管理这些联盟则成为外交艺术。既然国家之间的关系大多不是敌对的，就会出现某些公约，以便促进经济交流和其他关系。将会产生一个未成文的国际法体系。国家之间的某些活动将被认为是对该体系的支持，而其他的活动则被认为有损于该体系，所以是错误的。将会产生一个国际道德规范体系。该体系存在的时间越长，其规范就越详细，人们就越来越意识到这些规范的存在。

50　　　　这个过程就是国家体制的明晰化过程，即服务于封建体制的职能的再创造，或者在封建体制的全盛时期，封建体制也以道德法律规范、外交方法和不断变化的联盟体制为特征。13世纪的西方贵族无疑是其他勋爵的领主或家臣，是农民们的仲裁者和保护者。18世纪的国王对其他国王和他的臣民有明确的权利和义务。帕提亚贵族和沙普尔二世之后的萨珊国王处于相似的明晰化状态。这些就是在两个不同发展阶段支持同一文明的平行政治框架。

在诸多国家里，将会出现一个实力雄厚、对其他所有国家都构成挑战的国家。在这种情况下，权力的平衡成为一个两极联盟，直到这个具有威胁性的国家被削弱了权力，或者这个国家征服了其他所有的国家。如果是后一种情况，权力的平衡就走向终结。所以，国家体制也自然会走向终结。亚述人和缅甸人经常挑战他们各自的体制，但从未能完成彻底的征服。但是每个闻名的帝国——孔雀帝国、印加帝国、阿契美尼德帝国——都是因为一个集团征服了其他所有的集团而建立。

曼图霍特普从远离尼罗河的底比斯开始埃及的统一事业。始皇帝和马其顿的菲利普被认为是半野蛮的。具有挑战性的国家在该体制外围产生，这种情况似乎常常发生。发生这种情况，要么是因为中央诸国彼此有效牵制，而外围区域的国家自由发展，要么是因为那些中央国家已过了发展的巅峰时期。另一种经常发生的情况是不止一个外围国家在同一时期发展。这些国家能控制中央诸国，但不能相互控制。这种情况下，一个新的、更大的国家体制接替了原有体制。于是，希腊城邦就充当了古希腊体制的竞技场，而意大利城邦为现代欧洲起到了类似作用。在政治上，那些曾经处于外围的欧洲国家似乎不如那些依然重要的外围巨头。

像封建体制到达顶点一样，国家体制也会到达顶点。像相关的 51 思想和态度发生变化一样，政治和经济问题也会发生变化。国家体制最终达到其可能性的极限，而且能够以感知艺术模式的相同方式感知这些极限。对这些模式的意识，例如表现在对昔日法律和外交模式的保护或恢复的关心，表明这些模式正变得牵强附会。这种关心可能体现在战争时期、革命之中、受质疑的思想以及强烈的情感里。甚至不只是大多数转型期，其他时期也都可能成为动荡的时期。把一个国家体制纳入更大的外围体制或一个国家征服所有国家是解决冲突的两种可能的政治途径。

另外，联邦似乎不是国家体制问题的解决办法。在国家体制内试图结束冲突证明总是不如强行统一有效。德摩斯梯尼的雄辩和马其顿的威胁都不能减少4世纪希腊诸联盟的徒劳无功。亚历山大一世也不能与拿破仑在蒂尔西特的木筏上明智地划分欧洲。甚至19世纪5个小的中美洲国家也未能建立联邦，它们只是重复中美洲文明中玛雅潘联盟的历史。在暴乱时期，必需的平衡和微妙之处显然已过于复杂，难以把握。

如果国家体制被纳入一个更大的外围实体，出现的体制可能像更明晰化阶段的国家体制一样运行。如果一个国家征服其他所有的国家，那么帝国得以创建。帝国的问题犹如从封建制度发展而来的民族国家的问题。政权必须得以稳固，忠诚必须反复灌输，叛乱必须镇压。如何轻而易举地完成这项工作取决于政府的偶然技巧和被推翻的国家体制的生命力。倘若偏爱国家体制的态度依然存在，那么帝国就可能短命，就像要千秋万代的始皇帝的帝国以及亚历山大大帝的亚洲帝国一样。但是人们常常渴望统一，而且政府若得不到强大的支持，就会找到普遍的默许。

52　　　像国家一样，帝国必须被认为是体制的一部分。体制通常由一个主要的政治实体构成，该实体被许多各级自治的、文化各异的较小实体环绕。中国通常与朝鲜和满洲里的一个或多个国家有着良好关系，与西藏和中亚的游牧民族保持着一般关系，与东南亚各国保持着象征性关系。有时，就像德里苏丹国征服了印度北部和维查耶纳伽尔统一了南部时一样，两大帝国可能被认为是同一体制的一部分。一批国家可能获得帝国的特征，即使帝国的政治体制包含了主权的多样性。比较历史学家们往往用这个解释的变体来说明中东层出不穷的分裂。因为虽然政治结构极为重要，但那仅是帝国体制存在的众多表现之一。

一个帝国常常顺利地确保一段长久的政治平静期。它由高效的行政机关管理，这种高效的行政机关可能扩大控制那些需要行政机关的省区，或者允许大量的省级管理，那里的居民愿意并能够维持省级管理。不幸的是，甚至像帝国这样稳定和看似令人满意的机构也开始遭受侵蚀。行政机关开始扼杀自身的有效性。政府不能再处理内部令人不满之事或保护其公民免遭外部攻击。转型阶段再次发生，如果不能实施重构，那就必须维持严格的、极权主义的僵化，或者在其他文明或原始文化侵吞那残存的外壳之前，私有封建体制取代了该政府。

为"现实主义者"——那些优先注重历史"事实"的人们——而生活在国家体制里的人们可能倾向于认为，虽然存在两极分化，但是权力的平衡是基本的政治条件。国际关系研究可能足以重要到与政治研究或历史研究区别开来。随着民族之间冲突的不断加剧，"理想主义者"——那些认为争取"更高目标"就能战胜历史事实的人——可能倾向于认为，必须形成全新的政治秩序，旧的权力均衡必定被彻底抹杀，必须形成新的道德风气，以适应改变了的社会。

同样，长期代表"现实主义者"的帝国体制里可能有种倾 53
向，认为尽管有表面革命和分裂，但是世界国家是基本的政治条件。可能会有世界管理与法律的研究，而不是世界关系的研究。随着帝国内的张力更趋强烈，"理想主义者"可能倾向于认为，一个时代必将到来，那时世界秩序像人们所理解的那样将会结束，必然会寻求新的、不朽的价值观，以取代那些不再站得住脚的价值观。

注释：

1. 较小国家"稳定"城邦体制了吗？

汤因比和昆西·赖特认为，达到权力平衡时，在这种权力平衡的保护下能诞生更多的国家。这些国家的增加又反过来给予这一平衡更大的稳定性和灵活性（汤因比，《历史研究》，第九卷：236；赖特，《战争研究》，第二卷：755—756）。然而，在我看来，似乎通常只有几个主要国家在玩权力游戏，而较小国家是"稳定"之因，只有这样，它们才能被当作策略和交易材料。而且，较小国家的出现能够制造较小事件，许多始料未及的主要冲突可能从中出现。

2. 两极分化表示即将到来的统一吗？

汤因比和赖特认为，最终导致帝国建立的反复的权力两极分化预示着国家体制的消亡（《历史研究》，第九卷：234—287；《战争研究》，第二卷：760—766）。这一观点是站不住脚的。在权力平衡存在的任何阶段，两极分化都是权力平衡固有的东西；两极分化并不局限于解体时期。有许多这样的例子：古王国时期之前的埃及、雅典和斯巴达、东罗马帝国和萨珊帝国、巴赫曼尼王国和印度南部的维查耶纳伽尔、中国的大宋帝国和契丹帝国。

3. 政治形式的持久性

汤因比在《再思考》一书中认为，"一般的国家在短暂解体之后容易恢复，并且在长期解体之后经常恢复，甚至由外国政权来恢复"（见库尔伯恩，"汤因比的《再思考》评述"，《世界史杂志》，第八卷：26）。我认为，封建体制和国家体制也具有不易阻挡的改革倾向。如果一个体制实行了很长时间，人们就不愿意放弃该体制。当人们确实放弃了该体制时，如果有机会的话，随后的生活艰辛将为该体制在记忆中留下的形象增色，并鼓励人们去支持恢复该体制。

54

二　初级模式

前一节给出了一个与文明的其他模式有关的基本政治框架。然而，尽管我已尝试说明其间可能有许多选择的诸时期，但是对这样一种描述的总体印象是必然从封建主义到帝国的发展过程。如果我现在用战争、政府、经济学和社会来重复这个过程，我只能强化这种决定论的印象。因此，我想在这一点上暂停一下，用已经呈现过的材料构建一个基本模式，以便说明为任何发展中文明而存在的各种可能性的广阔领域。

首先，回顾一下索罗金的说法，所有体制的发展可被视为明晰化与转型之间、融合的高峰期与低谷期之间的波动。如我们所见，形成期和解体期都是转型期，两者都可能在同一时期出现。所有转型期必定导致新的明晰化或者体制的全面解体。由于固有的变化过程，每个明晰化过程必定导致另一个转型期，除非各种模式被制度化，其形式僵化而失去意义。

我们用下列字母代表这些阶段：

C = 明晰化

T = 转型阶段（包括形成阶段）

D = 全面解体（灰烬，而非火焰）

O = 僵化（冻结在明晰化阶段）

以下模式代表一个体制的所有可能性：

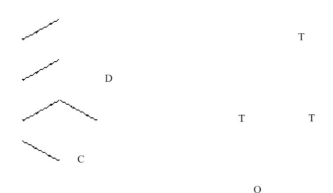

T 应当理解为重复。从每个 T 处，你回到开端并重新开始。⁵⁵如果我要全部画出来，这个图就会无止境地超出本页，看起来很像一个复合分子的图示：

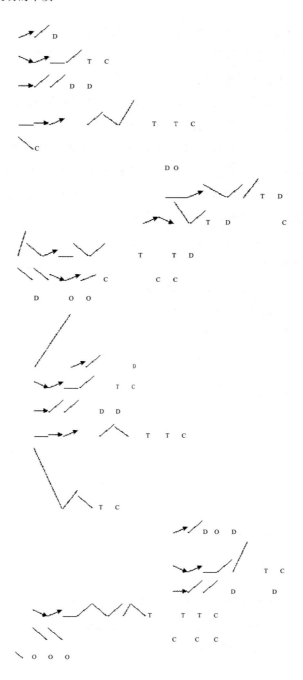

D 为新的 T 铺平道路，但这种情况可能不会发生。O 使你受阻。它们在某个时候肯定变得畅通无阻，可能继续发展到 D。但是让它们作为死胡同是对它们更好的说明。

现在，我们把这个体制模式应用到我们所谓的文明这个特定模式里。我们用体制 F、体制 S 和体制 I 分别代替封建阶段、国家阶段和帝国阶段。用 P 代表原始文化。暂时略去 D 和 O，我们得到：

PC – PT – FC – FT – SC – ST – IC – IT

这是从原始到帝国进化的既定类型，我们将之与斯宾格勒联系在一起，也正是这种类型往往在这些模式中被强调、突出。但情况并不这么简单。这些明显的转型可能证明是不成熟的，或者可能发生允许逆转的重构。我们必须考虑到下面的情况：

//// 　PC　　　FC　　　SC　　　IC

PC－PT－FC－FT－SC－ST－IC－IT－FC

现在每个转型期都可能产生两种选择：要么走向下一阶段，要么返回前一阶段。但是注意，我们在消除一些可能性。若不经历封建阶段，原始社会永远产生不了国家体制。如果库尔伯恩是正确的，那么没有哪个文明的文化能回到原始阶段。知识和历史的遗失没有超出这一点，或者无论如何也未曾超出这一点。无论何时发生逆转，如从 FT 转到 FC，在前一条件下存在的可能性再次出现。这十分像弹球机。当球被弹出时，球有宇宙般无限的可能性（球是文化，弹球机是宇宙），但是球一穿过下滑曲线上的第一个投球孔，球的可能性就缩小了。这样一来，到达 FC 后，它就不能再返回 PC。但是，弹球机也有橡胶缓冲器，这样球就可以逆转方向。到达投球孔 SC 后，球不能再返回 PC，即被单向阀门关闭的初始投球孔。

57　　　我们还得为全面解体增加 D（总之回溯到封建层次），为明
晰化的僵化增加 O：

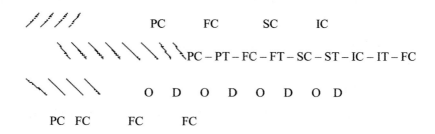

　　全面解体之后，可能会发生重构。如果原始转型之后发生解
体，那么将出现原始文化；如果在任何文明化转型阶段之后发生
解体，那么将出现一个文明化的（封建）文化。

　　文明的这一基本模式易受无数变量的影响。看起来像这样：

IC

IC－IT－FC

FC－FT－SC－ST－SC－ST－IC－IT－FC

　　这是俄国第三罗马理论：从上古希腊到希腊城邦，到希腊化
时期，到罗马帝国，到拜占庭，到俄罗斯帝国。或者看起来像
这样：

IC

PC－PT－FC－FT－IC－IT　　　　　O

　　这是对埃及文明的一种可能的解释，尽管这表明略过了 SC
－ST，根据这个模式，这是不可能的。我猜，如果找到除政治
形式之外的其他形式，就会找到 SC 路线。或者看起来像这样：

$$SC-ST$$

$$IT-FC-FT-SC-ST$$

这个模式接近西方文明（奎格利的观点）。

我们在本章剩余部分和接下来的两章中考虑的模式看起来像这样：

FC – FT – SC – ST – IC

读者可能尝试记住这个基本模式，即使笔者忘记了。

三　战争模式

58

战争似乎是个普遍现象。碰巧存在的社会结构诸形式只不过修改了战争所采取的形式。战争可能发生在封建贵族阶层，国家之间，文明和诸野蛮文化之间。战争可能是内部的。但是从某种形式上说，战争在文明的各个阶段都已是一种常规现象（理查德·库登霍夫－卡勒基，《从战争到和平》，24—25）。

战争常常是活力的象征。有精力和能力成功发动战争的民族也常常有精力和能力在其他领域取得诸多成就。在意大利城邦、西班牙、英格兰、荷兰和法国的历史上，伟大的文化成就期和连绵不断的战争时期紧密相连。毕竟，如果人们认为有值得为之战斗的价值，他们就誓死奋战，如果奋斗目标是高尚的，他们似乎战斗得最为激烈。为了保护宗教或民族的战争往往比那些为了局部的政治利益或经济利益的战争更为猛烈。通常，似乎要利用战争使人们高于日常微小冲突的层次，使人们认为他们自己无私地代表着更伟大的统一。

然而，战争显然也是解体的象征。在明晰化的体制里，国家之间一直保持的和解变得不那么令人满意，摩擦也不断增加。一种文明的技术的发展，包括军事设施，不再需要正在弱化的政治

和社会模式，也开始具有破坏性作用。解体过程产生的冲突导致
了暴力的增多和战争规模的升级，而暴力与规模的升级又加速了
没有任何重构可能性的解体过程（汉朝瓦解后的中国；笈多帝
国陷落后的印度；当西班牙人的暴行了结了阿兹特克人的暴行时
的墨西哥文明）。

59   紧随明晰化的国家体制发展之后的转型期可能是最为暴力的
时期，因为国家成了战争最有效的媒介。这些时期，汤因比称为
"动乱时代"，这已得到几位历史学家的确认。这些时期不仅以
国家之间的暴力冲突为特征，还以适当的相关思想和态度为特
征。帝国的建立结束了国家体制，也常常结束了动乱时期，例如
罗马帝国，大汉帝国或阿契美尼德帝国。这种情况常常发生，但
不是永远都发生。可能动乱时代是一个最具适应性的时期，当解
体已足够充分时，一个伟人或群英可能以不同方式形成动乱时
期。要解决引发危机的问题，创建帝国可能是最诱人的途径，但
是也可能找到其他解决途径，或许更微妙和更难以实现，如文艺
复兴之后西方的探索与殖民（并最终造就了一种不同的帝国），
或伊斯兰教对持续的政治分裂模式的明显适应。

那么，战争的存在并没有告诉我们多少关于文明阶段的东
西。与文明规模有关的战争的范围和持续时间以及该文明对战争
的回应却告诉我们许多东西。战争是偶然性的还是消耗性的？人
们是重建还是修复？文明受到激励还是破坏？这些是历史学家用
来判断文明内部条件的指标。

注释：

战争的破坏性作用

战争可能发挥着在任何转型期都必不可少的破坏性作用，战
争可能确实为重构清除了障碍。因此，试图永远消除各种形式的
战争可能是错误的，或者会造成一场延迟的、更严重的、更具破

坏性的冲突；如果生活在转型文明中的人们试图控制战争，而不是消灭战争，如果他们允许战争发挥必要的破坏性作用，而不允许战争破坏文明本身，那么他们会取得更多的成功。

四　政府模式

60

在研究政府方面，政治学者们最想知道的是谁握有权力：领袖与其他成员之间或与永久性政府机构之间、政府与被统治者之间、中央与各省之间，权力是如何划分的？

在转型期，权力倾向于移向中央而远离各省，移向政府而远离被统治者，移向强有力的领袖而远离其他成员或机构。所以，埃及新王国经历了阿克纳东改革的严峻考验后，哈伦海布极其努力地重组了埃及新王国；所以，赵匡胤黄袍加身，那些人认为只有他才能结束中国历史上五代十国的动荡局面。

另外，明晰化往往造成权力更加广泛的分布。领袖必须咨询他人或者考虑永久性制度和既得利益。各地区被允许，有时被鼓励，去处理各自的事务。这样，像埃及中王国时期的阿孟霍特普一世或汉代初期的刘邦这样有能力的巩固者，因为步入了稳定期，就能够酌情给予地方当局相当的自治权。

在普遍的文化变化将过时制度留给现存政府的时期，个人就 61 得到了绝佳机会去塑造适合自己的构想的政府。在这样的时期，拥有一批忠实追随者的坚毅之人，一个恺撒，就有可能控制一个国家，并为他所用。他保持着控制权，不是因为他做出了丰功伟绩，而是因为他恢复了秩序感。他实施政治统一，顺应了其他地区要统一的愿望。他不是因为胆大而成功，而是因为他是安全的而成功。他避开旧制度，不顾个人意愿，开始构建适应新文明的新制度。

斯宾格勒创造了恺撒主义一词，指的是国家体制似乎在转型之时出现的人。然而，当封建体制处在相应阶段时，早期的国王们也发挥了同样的统一作用。伊凡三世和阿拉贡的斐迪南致力于敕封一批亲信，用以对抗已形成的贵族。亨利七世和路易十一对英格兰和法国起到了类似的作用。他们都是封建帝王，之所以成功，是因为他们安全而非胆大，因为他们提供了现存制度不能再提供的解决途径。

伟人不可能将他的决定性权力传给他的继任者，尽管伟人可能设法去做。他创建了自己的制度——行政体制、法律体制、金融体制，这些体制发展起来，彼此息息相关，并与他们生存其间的文化息息相关。那么继任的君主或帝王们发现，他们只能利用这些制度，才能达到他们的目的，而不是回避这些制度。人们依然能够变得"伟大"，但是只有通过利用和代表这些制度的方式，而不是通过制定新制度的方式。路易十四或哈德良发挥的作用与拿破仑或亚历山大的作用不同。

专制政府比代议制政府更为常见，执政时间更久。封建体制下的领主在自己的领地内是专制君主。封建体制解体之时，一位贵族征服其他人并成为君主。贵族阶级保留权力的那些国家，如波兰，很可能被其统一的邻国征服。在后来更为稳定的时期，如果君主的地位受到削弱，每当不断出现的危机营造了对能够提供保护的中央集权的渴望之时，君主就可能被暴君取而代之。当然，帝国通常由帝王创建并统治。

62　　　可能自由是一种奢侈品，与其他需求相比，自由就不那么重要，却更为抽象。自由要求人口不仅要相当稳定，而且在经济上至少舒适安逸。自由也要求一定的教育水平。自由的概念易被平等的概念取代，因为平等更容易被人们理解——判断你与邻居相比是多么富裕比判断你的观点是否在遥远的政府得到充分体现更加容易。

而且，那些赞成政府权力划分与平衡的人比那些偏爱稳固与简单化的人担负着更艰巨的任务。代议制政府的保存要求不断地修补，专制政府的建立则只需巨大的一步。代议制政府的维持需要不断调整政府手段，以适应不断变化的条件。专制政府的建立只需破坏或规避麻烦的政府手段。

另外，平等的概念自然而然地鼓励拓宽教育基础，并为全体公民提供平等的机会。然而，如果这创造了有文化、却不是特别有领悟力的大多数，这个概念可能被审慎的宣传机构和媒体所利用，去创造一个支持极权主义政府的强大基础。那么教育，稳定的共和国的一个先决条件，也能够成为专制统治的因由。而专制政府和共和政府也能够成为平等的因由。人们可以享有平等的权利，不管这些权利包括不包括选举权。共和政府和专制政府都可以是这些权利的捍卫者，都可以防止人们相互剥夺这些权利（斯宾格勒，《西方的没落》，第二卷：455—65；汤因比，《历史研究》，第四卷，192—198；索罗金，《动态》，节略本，506—510；阿尔伯特·史怀哲，《文明的衰败与重建》，15—21；刘易斯·芒福德，《人类的转变》，103）。

然而，在比较历史中，代议制政府是一种异常现象。代议制政府只出现在古典文明和西方文明之中，然后只出现在国家体制阶段。这就提出了另一种可能性，其作为主导形式出现在西方文明之中（甚至出现在那些选民没什么权力的国家中）预示着文明史的新纪元。在这个文明模式的各要素得以呈现和相互关联之前，这是一个必须被推迟的问题。

63

注释：

1. 不全则无的倾向

政府里存在极权主义倾向或无政府主义倾向。这也适用于统治者。强者变得更强，更有侵略性，直到他们窒息了自己的统治（路易十四、腓特烈大帝、奥朗则布）；弱者或一群无能之人留下未解决的问题，直到某人或某事物必须处理这些问题（路易十五、俄国动乱时期、足利幕府）。对一个人或一个政府而言，最困难的似乎是牢牢掌控，以便留出内部自由以备发展。能达到这种平衡的人寥若晨星。

2. 政府能进行改革吗

比较历史学家往往认为，转型期文明的问题不能由政府改革来解决，因为这些问题不在政府，而在文化本身（卡罗尔·奎格利，《文明的进化》，49，59—60，83—84，239；参见索罗金，他认为越多的人篡改制度，他们得到的结果越糟：《社会、文化与人格》，619）。但是，政府改革成功与否可能取决于政府改革是否与发生在该文化中的变化有关。旨在创建理想的、乌托邦式的政府的改革可能不会成功，但是那些考虑到经济发展、阶级结构和主流态度方面变化的改革可能非常出色地实现成功的重建。政府像其他体制一样可以通过内部调整或改革保持有效性和实际意义。从17世纪到19世纪，大不列颠政府进行了令人瞩目的改革；当权力从立法机构传至君主的时候，罗马政府也进行了令人瞩目的改革；大唐帝国政府在安史之乱后进行了最为彻底的重组和转向。

3. 官僚主义的含义

"官僚主义"一词已具有的含义是一个正在失去其现实意义的复杂政府，这样的政府更多的是为自己而存在，而不是为任何管理经营的目的而存在。在其到达衰落阶段之前或在其改革之后，同样的机构将被描述为行政机关或专门行政机构。

4. 寡头政治的稳定性

64　　　我凭直觉认为寡头政治一词可能描述了两种行政管理，就从本节略去了该词。该词可能描述了一群在政府剧变之后不安地合作的"平等"领袖，如尤利乌斯·恺撒大帝之后的罗马三雄，或法国理事会，或独裁者死亡或身败名裂之后的苏维埃临时政府。这种寡头政治本质上是不稳定的，因为就其存在而言，寡头政治意味着对权力分配的不确定性。另一种寡头政治是城市贵族统治。它随一位领袖而发展并支持它，如果统治阶级根深蒂固，那么它会持续很久。威尼斯或荷兰的城市统治者就是这样的例子。我们可能说，如果寡头政治的权力是纯政治性的，它本质上是不稳定的，然而，如果寡头政治有经济和社会基础，它可能是稳定的。

五　经济模式

经济模式一般涉及传统土地关系的崩溃（这种崩溃有利于以城市为中心的经济）、专业化与相互依存的发展，以及财富与生活水平的提升。文明变得高度相互依存时，该文明也可能变得极其脆弱，可能突然发生经济财富的变化。像军国主义一样，这些经济危机可能促使文明解体，但不能说这些经济危机造成了文明的解体。

当一个文化的农业模式开始崩溃时，该文化便失去了永远不能恢复的东西。这一点我们有目共睹。在农场度假，或在乡下居住，特别是在像圣诞节这样的宗教节日里拜访我们儿时的家园和家人，我们都从中觅得慰藉。城市文明的许多弊端都能追溯到农耕时期失去的团结一致。但是这种团结一致涉及对城市居民来说似乎是艰难、繁重、乏味、狭隘的生存。只有以早期僵化为代价，才能保持这种团结一致。

若不包括心理因素，则很难去描述城市化进程。下一章将专门讨论这些心理因素。这一进程不仅涉及人们从农村到城市的迁移，还涉及思想与看待事物的方式从城市到农村的迁移。随着这个经济轨道的发展，作为经贸与服务中心的村庄由乡镇来承担。最终，这些乡镇依次进入更遥远、更异样和诱人的城市影响圈。

有些城市变成整个国家的巨大中心，而且国家的动力似乎在这座城市得以体现。最终，这一进程比这更进一步。这些大城市变得更加相像，它们发展得不再适合它们所服务的国家，常去这些城市的人们在任何一座这样的城市都像在家里一样，如斯宾格勒所说，它们却与它们本国的省市格格不入。最终，如果这一进程不被制止，城市似乎会吸干农村，会把城市的标准和形式强加于农村，并且使乡镇甚至地方城市与它们的周边地区没有任何有意义的联系。

城市化进程意味着农业、工业、商业中一系列相互关联的发展。一定存在着从自给农业向经济作物农业的部分过渡，否则就不可能有城镇。如果农村有贸易，正如奎格利指出的那样，贸易可能发生在相对遥远的地区之间，因为那些邻近地区往往生产类似的作物。如果有工业，就可能包括乡村手工业，主要为当地服务，但也可能交换远方令人向往的奢侈品。假如城市化进程深入发展，那么一定会改进农耕方法，以便更多的人能在同一个农场的劳动中得到供养，否则，就必须通过外贸来填补不足的农产品供给：可能进口谷物和其他粮食，以换取特殊农产品、手工制品或这两种产品，例如，运到埃及或迦太基的、装在雕刻精美、图案美观的瓶子里的雅典橄榄油。如果这一进程发展得足够深入，将会需求用以减少农业劳动所需人员数量的发明，与此同时，农民向城市或遥远的聚居地迁移，如果已建立了鼓励贸易发展的聚居地的话。发明也将用于工业的进步，企业的部分利润将留给进一步扩张。生产方法将变得更精细、更专业化、更间接。一些政府和个人将积累大量财富。

这里描述的进程将伴随着该文明阶级结构的变化。随着贵族和神职人员的减少，城镇居民和商人将变得日益重要。随着农民流离失所，他们将流浪到城镇，在那里，他们要么成为工人，要么升至中产阶级。政治优势将落后于经济地位，如果贵族不能做出充分让步的话，那么可能受到农民和工人阶级支持的中产阶级将强行掌权，也许在这一进程中推翻君主制。

随着城市化进程的推进，贵族和神职人员消失，幸存者则成 57 为中产阶级的一员。支持中产阶级之后，农民阶级也可能被受雇于工厂而不是受雇于农田的工人阶级取代。农民阶级和工人阶级都从未成为统治阶级。

虽然经济发展可能良好地延续到解体时期，但是诸多因素可能使经济发展走向终结。其中最重要的因素似乎是战争、集中的政治权力、需求性质的改变、农业枯竭、商业周期和物质主义的衰落。

战争似乎长期刺激着经济发展，因为战争刺激资本发展——积累产业，通过破坏进程增加需求，促进技术进步。但是技术进步包括武器改进，直到发生的破坏量破坏了生产来源，也破坏了进一步投资的愿望。文明越复杂，就越难以遭到破坏，但是文明的破坏能力也就越大。

虽然政治权力的集中发展能够促进生产，但是政治权力的集中发展常常以阻碍私人投资和挫伤主动性告终。随着政府趋向官僚主义，政府就易越来越多地干预，结果失去了对当地问题的理解，形成了一个日益过度一体化、并因此脆弱的体系。每次一个领域生产失败，就会影响许多其他领域，连锁反应随即开始。

但是，即使精明能干的领袖认识到集中化的危险，即使他们在保持高水平就业和生产的同时设法鼓励个人主动性，即使这样卓越的领导力将维持数百年，有关需求性质的问题仍会出现。因为一旦满足基本需求，文明就倾向于追求奢侈品、对基本文化模式来说不必要的产品，以及本身不利于进一步生产的产品。财富的获得当然使文明成为外部攻击更加向往的目标，奢侈的弱化效应使公民的自我防卫能力降低。

68　　　　因为向城市的迁移从未停止，人口不断增加，所以更加集中地耕种农田，以满足增长的需求。有时，这会导致农田的过度耕种，尤其是生产一种经济作物的地区。文明也可能倾向于过度开采其他资源，这样人们不得不进一步搜寻木材，或黄金，或煤炭以维持他们为自己设定的标准。迄今为止，没有哪个文明因过度开采资源而消亡，尽管过度开采资源是国家衰落的一个主要因素。

　　　　随着专业化模式和贸易的发展，文明更易受到内部解体的影响。工业尤其容易受到需求变化的影响，由于中间商卖光了库存，任何不景气都能给基础产业——那些制造用于进一步生产的材料的产业——造成市场持续下滑。这种不景气能造成失业，失业反过来会导致需求进一步下降以及内部暴力增长。这种问题似乎早在公元 2 世纪就已经影响了意大利，在 11 世纪影响了把小亚细亚输给塞尔柱人之后的君士坦丁堡。商业周期现象可能不局限于西方文明。

　　　　最终可能因态度的普遍变化而发生经济衰退。物质主义自然地发展，直到需求变得贪得无厌，也不可能满足这些需求。然后，一股反物质主义的暗流涌现，最伟大的智者们开始质疑经济福祉的重要性。当统治集团涉及宗教和哲学思索时，就像发生在如阿克纳东、阿育王、君士坦丁大帝等著名君主身上的情况，投资商和制造商们可能心灰意冷。继这些君王之后出现的急剧衰退可能表明对物质问题的普遍淡漠。

　　　　要么创建一个开辟新市场可能性的新政治框架，要么回归摒弃专业化、交易和高生活标准的封建庄园模式，才能走出这些经济衰退。

69　　　　现在，政治和经济模式之间的关系应该相当明显。但是，不借助像"物质主义"和"民族主义"这样的词汇，就无从探讨这些具体模式。这样的词汇描述了不能进行统计分析的集体心智框架。在尝试构建模式之前，有必要确定这些心理模式。

注释：

1. 作为阶段指标的经济学

在文明的兴衰中，比较历史学家们对经济学地位的看法差异很大。在给予生产分配模式在发展中的决定作用方面，奎格利和谢柏德·克拉夫与马克思意见一致。汤因比和其他人发现，文明衰落的同时，经济增长依然存在。汤因比认为，经济学是不可靠的指标，因为在任何文化中都一直进行着生产（克拉夫，《文明的兴衰》，第一章；奎格利，《文明的进化》，第五章；汤因比，《历史研究》，第九卷：245；索罗金，《社会及文化动态》，节略本，531；道森，《宗教与文化探索》，282；斯宾格勒，《西方的没落》，第二卷：345，401—402，431—432）。

2. 成熟文明的集中化力量

集中化力量似乎在文明的后期非常强大。如果政府不具有或不能具有集中化的作用，那么经济机构就会具有集中化的作用。地方的政治领袖、小商人或农民似乎都不能或不愿意反抗这些力量。最后，地方活力的残存物指向鼓励大公司或大政府介入。最能干的人在更大的业务中发现机会，只有能力差的人，即那些因缺乏能力或机会而不能取得成功的人，才守在家里。

资料源

1. 政治期

奥斯瓦尔德·斯宾格勒，《西方的没落》，表三，介于两卷之间；"当代政治纪元"，第二卷：第十一章，"国家和历史"；阿诺德·汤因比，《历史研究》，第九卷：234—287，"宗教国家之间的生存斗争"；第三卷：209—306，"马基雅维利"（标示的这部分不是关于马基雅维利，而是关于他所处的时代，这里隐约点出了外围主导理论）；肯尼斯·汤普森，《世界政治学》，第八卷：374—392，"汤因比先生和世界政治学"；昆西·赖特，《战争研究》，第二卷：第二十章，"权力的平衡"；雅各布·布克哈特，《力量与自由》，第四章，"历史的危机"；拉什顿·库尔伯恩，《历史上的封建主义》，第三部分，"封建主义的比较研究"；卡罗尔·奎格利，《文明的进化》，第五章，"文明中的历史变迁"。

2. 战争模式

斯宾格勒，《没落》，第二卷：九，"国家和历史"；汤因比，《研究》，第四卷：465—505，"军国主义的自杀性"；第七卷：318—344，"常备军"；第九卷：473—561，"技术、战争和政府"（在西方）；彼蒂里姆·索罗金，《社会及文化动态》，节略本，第六部分，"战争的波动"；赖特，《战争研究》，第一卷：九，"战争强度的波动"；克罗伯，《诸形态》，670—671，705—706，715，"战争与文化发展之间的关联"。

3. 政府模式

斯宾格勒，《没落》，第二卷：第十二章，"政治学的哲学"；汤因比，《研究》，第五卷：35—58，"处于主宰地位的少数派"；第七卷：1—47，"普世国家为目标"；第七卷：80—239，"帝国建制"；索罗金，《动态》，第二十八章，"政府的波动"；赖特，《战争研究》，第二卷：二十二，"政府和战争的条件"。

4. 经济学模式

斯宾格勒，《没落》，第二卷：十三和十四，"经济生活的形式世界"，十："财产权的问题"；汤因比，《研究》，第五卷：58—194，"内部无产阶级"；九：223—234，"经济事务中的自然法则"；索罗金，《动态》，第三十一章，"经济条件的波动"；谢柏德·克拉夫，《文明的兴衰》，1—19，"经济与文化发展的关系"；库尔伯恩，《历史上的封建主义》，288—324，"封建主义的终结"；奎格利，《进化》，第五章，"文明中的历史变迁"。

第四章

智力和情感模式

一 对世界的态度

人们经历着与他们所处文化中发生的物质变化相符合的集体情感变化。在任何一天，个人对其所属文化的方方面面都可能有所好恶，然而在诸文化中，总体上可以看到集体态度的整体一致性。这些集体态度本身并不易测量。我们只能说，如果存在某些系列态度，就可以预料某些具体结果。

因此，我们可以预计世俗性将随着世俗化进程而增加。世俗化毕竟是从对精神的首要关注转向对物质的首要关注，从对上帝的首要关注转向对人的首要关注。我们可以预料，精神方面的关注在封建时期较高，但随着世俗化的发生而降低。然而，每当物质途径失效，我们会期待回归精神途径。我们可能寻找转型期对任何在明晰化与融合时期行不通的事物的相反看法。所以，如果灵性不能成功解决封建时期的物质问题，我们会料到在向国家体制过渡中，物质主义会日益增长。然而，在任何一种文化中，并不能满足所有物质方面的兴趣，因为生理需求的部分满足往往导致更多的生理欲望。要满足物质方面的兴趣，有两种方式：个人要么花越来越多的时间去满足一己之需，因此减少他们能够花在社区活动的时间；要么因无望而不去满足他们与日俱增的物质需求，而是专注于灵性发展。因此，一个因政治生活的失败与艰难而灰心丧气的人会辞去职位，要么花更多的时间投入并提高高尔夫球技，要么花更多的时间研读哲学，从事社区服务。当然，最终若有太多的人全神贯注于物质消费，而没有足够的人来从事管理和经济生产的繁重工作，个人的物质需求将无法得到满足。或者即便物质需求得到满足，个人仍会觉得生活空虚乏味，缺少"灵性"品质。在这种情形下，他可能去看精神科医生，试图理解自身看待事物的方式，他会断定"钱不是一切"，转而追求思想，并可能更为笃信宗教。对经济制度普遍失去信心或兴趣可能使文明在经济方面停滞不前。在这种情形下，若没有外力克服这种情况，该制度就会崩溃，人们将不得不尽其所能，靠他们所能获得或种植的食物为生。如果他们试图通过购买或偷窃获得食物，他们最终会造成大幅通货膨胀和灭亡。如果他们试着自己种植，他们就会接受生活水平的大幅降低，并退回封建制度。如果对物质失败的反抗导致该政治制度的重建，随之而来的是物质成功的新时期，然后可预料到灵性衰退。可以想到，任何一种文化中的大部分人都把物质满足和更多的物质满足当作充分的目标。

75　　　如果这种假设成立，我们可以说封建时期是以精神诉求为主的时期，从封建主义的过渡是物质主义不断增强的时期，一体化的国家体制以突出的物质主义为特征，从国家体制的过渡则是极端物质主义时期，却又伴随着少数对物质主义日渐强烈的抵制。如果建立了帝国体制，我们可能看到向适度物质主义的回归。如果该帝国体制受到挑战，我们可能再次看到极端物质主义和日益增长的灵性的回潮。如果国家体制或帝国体制长期处于转型期，灵性会增强，物质主义则会降至最低需求。在这种情形下，就有可能出现封建体制。这就是公元4世纪后一千年中欧洲的情况，也是同一历史时期印度的情况，以公元4世纪和5世纪期间印度教的传播开始，当时笈多帝国仍处于统治地位。

物质主义并不等同于物质福祉。物质主义包括一整套与现实世界、历史教训和经验方法相关的哲学体系与思想。现实主义、理性主义、空想主义以及实用主义都是以物质主义为导向的方法。经验主义显然与在现实世界中检验思想有关：行之有效的就是正确的。现实主义和理性主义似乎是相对的，因为政治现实主义者试图如实地看待世界，而政治理性主义者则试图理想地看待世界。但是二者在集中研究人类凭借己力做什么（或能做什么）方面都是物质主义的。空想主义——确实系统化的理性主义，无论被构想得多么宏大——寻求的是物质主义天堂。在融合期与转型期，实用主义都能够成为物质主义的因由。在融合的物质主义时期，实用主义与按事物本来面目保存或发展事物有关。在解体的物质主义时期，实用主义则与不顾条件而进行有关。

即使这种物质主义受到挑战，也不一定意味着灵性趋势的开始。19世纪，物质主义的成果被认为是理所当然的。20世纪，物质主义受到挑战。以约瑟夫·熊彼特为例。他认真地看待这次挑战，因为正是物质主义使得工业革命成为可能。然而，如果组织者喜欢舒适胜过积累，如果弗洛伊德和马克思的继承者成功击败理性主义的支持者，如果核战争能够摧毁物质建筑，这难道不是表明精神复兴的开始吗？可能是，也可能不是。正在发生的则是对物质主义观念不断增长的认识。对国民生产总值和欠发达地区发展的精密测量淹没了"钱不是一切"这一古怪想法。弗洛伊德的方法可被视为理性主义的巅峰：对非理性的理性思考。探讨对国家和形式的态度时，我们将看到，从无意识向有意识的转变反复出现在态度的发展过程中。

转型期更加极端的物质主义可能伴随着远离物质主义的"精神"反应。这种精神反应的一个方面是反对理性和经验分析带来的过度分散。这种反应设法在似乎不完整和多元化的事物中寻求内部统一和更高意义。西方比较历史学家的著作似乎阐明了这一模式。这种精神反应的更加极端的方面是从物质世界的外部寻求更高意义，而不是从物质世界的内部寻求更高意义。

道德标准已被遗弃的感觉也带来这种精神反应。如果人们只关心自身的福祉，他们就不关心他人的福祉，除非考虑他人的福祉是务实的。如果他们温文尔雅、客观理性，他们就可能压抑自身的情感发展。理性世界可能是冷漠无情的。其间的个人可能感到失落、绝望、缺乏除自身福祉之外的任何存在理由。因此，我们迫切需要综合，为了理解多元性，为了在整体中找到意义。

没有一个文化会既缺乏物质与精神诉求，又缺乏似乎主要关注一种或另一种诉求的个人。因此，单个征象的出现不可能具有重大意义。从物质到精神的过程也不是不可逆转的。由精神反应促使的物质模式的崩溃可能导致对物质世界的再度关注、以另一种方式进行的模式重建、或许文化的重建。如果发生这种情况，精神模式会用来黏合文化，起到元初时期宗教的作用。由库尔伯恩观察到的元初时期与复兴时期之间的相似点与此相关。

精神反应的深度和程度也取决于基本的文化模式。一些文化，如希腊文化，比其他文化更为世俗。精神反应在一些文化中微不足道，而在另一些文化中则至关重要。

77

注释：

1. "现实主义"的相反意义

我们今天使用的术语"现实主义"指的是通过对事物的行为和相互作用的经验观察而得出的概念，这是一个与时代相关的解释。最初，现实主义指的是思想为"真"、事物只是思想之反映的想法。而认为事物为真、思想仅为名的人则被称为唯名主义者。但我们生活在一个唯名主义时代。

2. 用于态度分析的鲍勒连续体

早先用来描述形式波动的鲍勒连续体也能用来描述态度的波

动。因此，坐在教堂里的山姆·琼斯，可能一会儿专注于崇高的上帝之爱，一会儿专注于穿着夏裙、坐在后两排左边的苏西·史密斯的世俗之美。可以通过下图来记录他在布道期间的态度：

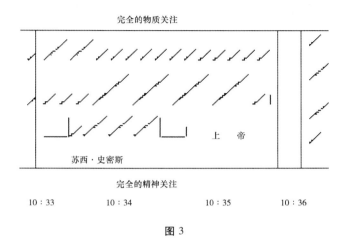

图 3

　　然而，如果山姆·琼斯的关注以及在萨姆·琼斯的文化中生活了数世纪的其他人的关注能被一起放置在这样一个连续体之中，我们很可能看到下面的图示：

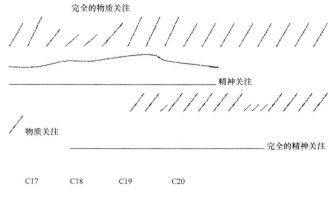

图 4

然后我们可以说，19 世纪比 17 世纪更加物质主义。我们可以简单地说，19 世纪代表了物质主义时代，17 世纪则不是。

我随后注意到鲍勒连续体在物质主义和灵性方面的应用与索罗金用来描述过去两千五百年间物质和理念波动的图表（《社会及文化动态》，节略本，289）非常相似。索罗金对这些波动的尝试性测量显示，物质主义的比例比我猜测的平稳曲线要低。或许这表明，对生活在物质为主的文化中的居民而言，猜想精神文化会是什么样子是多么困难。

78

二　对社会的态度

我们预计文明的每一阶段都与对现状的普遍态度有关。在明晰化阶段，我们预计对庄园、国家或帝国的忠诚。在转型阶段，我们预计对现存社会的疏离以及对其他事物的追寻。

民族主义这个术语描述了与民族国家有关的态度。由于这个词来自普遍的成就意识，由于它是文化关系诸多表征之一，它的出现似乎表示发展中的融合。在这种情况下，民族主义就向内无意识地发展成对国家体制的合乎逻辑的普遍态度。16 世纪英国的民族主义或 17 世纪荷兰的民族主义就是这种民族主义的实例。

另外，如果民族主义是由知识界形成的一种政治态度并被传播到该文化的其他成员，民族主义可能是解体的象征。最初的民族主义已经失去它的功能——它的"魅力"，汤因比会这样说。它已经被一种人造的社会荷尔蒙所取代，并被该文明的边缘地带有意识地发展和模仿。这些边缘地带在早先阶段没有紧密地结合到一起。19 世纪欧洲的民族主义或 20 世纪非洲的民族主义就是这种民族主义的实例。

为了区分这两种类型，我把前者称为发展民族主义，把后者称为衍生民族主义。

在封建社会，我们不太考虑对这个封建单位的忠诚。这些忠 79
诚基于现实的考虑和各封建领主拥有的力量的大小。忠诚更加集
中于提供生计或不提供生计的土地、控制土地的家庭，以及贯穿
这一切的无所不在的时代宗教。土地和家庭是具体而直接的。深
厚的宗教情感是通过符号来表达和理解的。

只有宗教冲力减弱时，民族主义才会出现。民族主义是世俗
化的逻辑产物。我们首先发现，在城邦，忠诚超出了家庭的范
围。事实上，对城市的忠诚可能超越了所有其他世俗的忠诚，因
为城市不需要符号，城市就是一个符号。城墙包围城市。城墙内
的首领们熟知大部分的追随者。然而，为了让忠诚扎根，为了集
体身份得到最充分的发展，就需要其他城市的存在。对我们而
言，佛罗伦萨人和威尼斯人的性格鲜明，部分是因为他们对彼此
而言的意义。

在国家层面，民族主义的要求更多。没有围墙，不可能看到
国家。首领们只可能知晓小部分国民。因此，对民族主义的第一
个要求是发展民族这个概念。这不是一朝一夕就能完成的，它需
要瓦解忠诚的竞争对手，比如一位神或一位封建领主。宗教符号
必须由民族国家的符号来补充或替代，如加冕的国王、民族旗帜
以及赋予传统感、依据感、发展感和目的感的历史。如果其他民
族在向相反的方向发展，民族主义的发展，如在城邦中的情况，
就获得支持。英国需要法国。甚至中国也需要非汉民族的蛮族。
城邦和民族都有助于强化民族概念的经济统一体。这种关联无须
准确，但是如果民族的界限具有经济合理性的话，这种关联就有
所帮助。一门公共语言，像一个公共经济体系一样，也有助于培
养民族概念并界定它的范围。腓尼基人共享语言和经济，尽管他
们的城市是独立的政治实体。只因为他们的祖先在几个世纪前建
立了迦太基城，他们便拒绝与波斯的冈比西斯大帝一起进攻遥远
的迦太基，甚至招来很大的风险。

80 　　衍生民族主义不会自行发展，它是被创造出来的。它先为知识界所理解，后为受过良好教育者所理解。随衍生民族主义而来的是人类创造并有意教授的历史。衍生民族主义似乎依靠文化程度而蓬勃发展起来，发展民族主义则不要求文化程度。在西方文明中，我们知道，在中欧和东欧，1848 年大革命之后，民族主义的概念才由城市传播到农村地区。19 世纪后半叶，随着教育的发展，这一概念更为深入地渗透，最后在文明的边缘地带建起一个新兴知识界，从而引发 20 世纪衍生民族主义的又一次爆发。然而，之前也曾尝试了相似的人为创造，如赛勒斯以迦勒底诸神的维护者自居时，或笈多帝国的缔造者因早期孔雀王朝的缔造者取名旃陀罗笈多而取同名时。波斯首领和印度首领都曾为更庞大的政治实体而营造人为的忠诚。

　　民族主义是种强健有力的产物，但它易受到胜利或失败、过度熟悉或过度疏远、内部压力的破坏或外部压力的减退的侵蚀。符号和形式在精神衰退之后可能继续存在。

81 　　民族主义因促成民族主义的因素崩溃而走向衰落。世俗忠诚受到破坏。在经验研究之下的历史成为神话。经济区通过国际体系中的和平接触，已延伸到国家以外。随着交流和交通的改善，诸语言变得混杂并被淡化。对整个地区共同利益的理解导致了日益上涨的普济主义——对人类手足之情的理解，移向人类的忠诚。民族间的共同品质得到重视，差异得以调和。对相异观点的宽容增加。对民族的忠诚减弱。由于缺乏忠诚，政府必须加大强制措施或者警惕其国防能力衰微。冲突发生时，拥有强大师团和精良军备的军队常常化为乌有。改进的交通和变化中的精神使外交交流增多，尤其是高层外交交流。经济条约——减少贸易限制、关税、限额——更加频繁地出现。这就是统一前的希腊诸城邦的情况，也是六朝末期中国的情况。20 世纪末的欧洲也可能如此。

　　虽然常常讨论并尝试联盟和联邦，但是一个强国出现时，或者一个民族因其后期发展周期而较长时间地保留旧有民族忠诚时，世界征服就相对容易发生。马其顿人和希腊联盟联邦几乎没有冲突，阿兹特克人和玛雅潘人也几乎没有冲突。腓尼基人避免加入反对亚述帝国的联盟，因而在亚述帝国扩张时幸存下来。忠诚从城市和民族转向帝国。这些新的忠诚感并不强烈：帝国比民族更难以通过符号来传达，帝国也缺乏敌对民族的刺激。然而，如果帝国不能使人动情，那么帝国至少要作为一种必要的邪恶使人崇拜、尊敬或者容忍。

　　和平与世界国家都不具备战争与民族的集体号召力。战争就要行动。正是战争的出现减缓了紧张局势。想一想欧洲在四十年的和平之后对第一次世界大战的普遍热情。民族在拥有一个具体、具象的对手方面也极具优势。一个世界国家所能抗拒的一切是战争这个概念。在一段缺乏创造性的和平期之后，和平失去意义。人们开始厌倦和平，尤其是他们没有经历战争的话。

　　任何重大的改变都需要对现存事物无动于衷。如果人们受到触动，起而捍卫旧秩序，那么改变就无从发生。正是人们更喜欢秩序的时候，更喜欢任何秩序的时候，和平才成为可能。然而，仍然得有人带来秩序，然后得管理秩序。联邦需要平衡、出于关系的谨慎持续的运行方式、相当的耐心和活力。帝国只需要普遍默许。难怪帝国成功了，而联邦普遍失败了。

　　和平的代价向来就高。这代价可能是奴隶制，或者至少是大多数民权（和责任）的丧失。一个不惜任何代价致力于秩序的政府可能牺牲其臣民的经济福祉，因为经济发展意味着一定程度的政治灵活性和剧变。政府可能镇压任何可能扰乱秩序的审美表达，最好是镇压一切艺术表达，因为很难区分哪一个会变得危险。尽管它的臣民受到保护，免遭外部战争，却不能抵御出现在追求社会核心目标过程中的随意的不公和暴力。因此，以任何代价换来的和平不一定带来值得拥有的生命。在像孔雀王朝、托勒密王朝、印加帝国或是旧俄的罗曼诺夫王朝这样被严格控制的帝国，生命的价值对农民和潜在的创造性精英来说肯定都大大降低了。

生命在历史上的任何时候都不安全。也不可能安全。对和平的专注，如同对物质主义的专注一样，象征着一种失衡，一种生命的扭曲。任何这样的失衡都可能意味着只有通过巨大的代价才能获得成就。从大多数其他角度来说，这份代价似乎难以接受。

在民族主义衰退时期，政府因功用而非其赢得的忠诚而继续存在。被统治者遵守法律，因为他们想要一个秩序井然的社会，因为他们习惯于服从，因为他们没有困苦到寻求其他选择的地步。如果逃避这样一个政府的法令，逃避者不会有罪恶感。例如，他会因少上税而自豪，他会把这件事告诉朋友们，听他们称赞他聪明。然而，他仍然需要政府给予他的保护，也绝不想失去这种保护，就像人们在帝国衰落时期转而求助于封建主义时所做的那样。

处于这一情形的政府会通过对不情愿的老百姓动武来维护自身，或者会通过传媒的控制来迫使老百姓顺从政府意志。这样的政府可能容忍那些只希望推翻这个政府的居民。这种政府的长存会导致政治冷漠，对社会各阶层不再感兴趣。物质主义和精神主义倾向会由此更加明显。

在对政府的忠诚衰退时，政府方面会越来越致力于保持事物团结。如同汤因比所说，一个由"魅力"引领下的创造性少数派被一个借武力而掌控的主宰性少数派所替代。我们可以想象这些领袖极力试图支持旧秩序，因人们似乎已失去责任感而感到苦涩，确定他们就是真理和正义最后的捍卫者。最后，这些领袖不是被冷漠的人民推翻，而是被缺乏服务感和正义感的不择手段的恺撒推翻。恺撒向所有人许诺一切，实际上他却把政府变成了支持个人目的的工具。

历史学家们常常把意识形态的奉行与战争的暴力联系起来。因此，比起男爵或国王与其雇佣兵为了有限的目的而进行的战争，宗教和民族主义战争被认为是更加暴力的战争。我认为，这个假设需要一定的修正。成型的宗教时期是中世纪，那时人们只有手边没有其他事可做时才会打仗。发展民族主义时期是陆地专业化战争和海洋商业化战争时期。暴力的宗教战争发生于宗教改革时期，当时旧的宗教综合体正在解体。暴力的民族主义战争始于法国大革命，那时西方国家体制开始受到挑战。尽管意大利城邦充斥着邪恶和不正当行为，一遇到战争，这些城邦就出了名的俯首帖耳，如同马基雅维利悲叹的那样。在其他文明中，衰落期和形成期都极其暴力。就像亚述战争时期，当时美索不达米亚正在衰落，或者从太平天国起义开始的远东文明时期也是如此。公元 3 世纪，拜占庭文明形成之前的无政府时期或者公元前 2000 年之初穆斯林开始恢复秩序之前的几乎未被记载的印度冲突期也是这样。换言之，正是对主流意识形态的挑战和普遍怀疑导致了极端暴力。对诸如基督教或民族主义等意识形态的普遍信奉带来和解与和平。这一点即便在国家体制也是一样，因为国家至高无上这一理念意味着其他人也有权利对他们自己的国家持有相似的理念。背叛者甚至被他提供信息和帮助的人所唾弃。

意识形态和文化融合之间的关系为解决宽容这一概念引发的 84 问题提供了线索。因为假如宽容指的是对异见的许可度，我们应该料到高度宗教化的人或民族主义者当中的不宽容，料到宗教或民族主义意识形态受到挑战的转型期中不断增强的宽容。然而，我们刚刚指出，只有国家体制内的其他国家也有生存权的理念被广为接受，国家体制才能一体化。因此，似乎在这种情况下，高度一体化的时期需要高度的宽容。

这一悖论的答案似乎是，正如有两种民族主义，也有两种宽容。或者更准确地说，"宽容"这个词有两种理解。一个一体化的体制必须有和解。差异被接受，但无须被理解。你属于一个不同的国家，这并不会威胁我的国家的生存或我与我的国家的关系。你持有的观念对我而言很奇怪并不意味着我要试图劝说你放弃这些观念或为这些观念与你斗争。我可能耸耸肩，说人人都有权拥有自己的看法。这是一种封闭式的宽容。你怀着异见生活在自己的文化之中，因为这些异见没有威胁到你。然而，你不用费力试图理解它们。但是，要是你发现你的国家或者你的理念受到他人排挤，你就会进行斗争，捍卫你自己的国家和理念。

第二种宽容是开放式的，发生在转型期。它预先假定没有什么事是确定无疑或重要到不能妥协的程度。任何一个不愿妥协的人都被认为是固执己见、不可理喻和狂热不羁的人。这种宽容重视存在，任何理念都不值得牺牲存在。但是许多异见都被容纳了。宽容的人会宽容，因为他不确定自己的立场，希望新鲜事物帮助他解决这种不确定性。一旦他发现看起来能帮助解决问题的事物，他会放弃宽容，盲目而毅然决然地坚持那个理念。因此，在运用这些理念解决自身问题的下一代人中，一代人理解入侵文化的努力可能变成狂热的民族主义。

85　　最令人困惑的关系之一是美学发展与对社会的态度之间的关系。发展中国家之间的交流似乎常常产生伴随的美学盛期。西班牙文化的伟大时代也是西班牙权力与扩张时期。大体上是这样。然而，仔细审视一下，最伟大的扩张时期于16世纪后半叶结束，而美学期才刚刚开始。另外，伊丽莎白时期和荷兰油画发展期确实与有意识的民族自豪和政治强大期同时发生。困难之一可能是不易确定政治活力的存在。一个伟大的国家会把自身的存在归功于缺乏抵抗的民族意志，而非常小的城邦可能生机盎然。也许是对西班牙而言，随着时机成熟，孕育了伟大西班牙国家的动力，也孕育了西班牙艺术家，而荷兰模式更小更简单，就更加紧密地运行。也许是文明的模式，尤其世俗化宗教的性质，影响了显现于发展中民族主义时期的美学生命力的程度和种类。

注释：

1. 城邦和民族国家

在这一整节中，我几乎没有区分城邦和民族国家。城邦显然不是民族，但它们确实具有那些构成基本民族性的相同品质：世俗忠诚、对体制内其他单位的敌意、共同的经济和语言体系。如果它们在符号和历史方面不够强大，这可能是因为不太需要这些来维持国家形象。因此，即使不能说它们从属于民族主义——民族主义的确给了意大利体制最后一击——城邦的确表现的和民族国家一样，二者都可被统称为国家体制。

2. 广泛征兵如何削弱民族

衍生民族主义的扩张和饱经侵扰、占主宰地位的少数派日益增强的决心带来了广泛的征兵。但是广泛征兵使得那些特别讨厌军旅生活的人进入部队，包括能就此发表意见的知识分子和作家（在西方至少自拿破仑时期以来）。因此，知识界曾经服务于发展这种民族理念，在后来的阶段，知识界通过反战故事与和平联盟来摧毁这种民族理念。这造成了日益强烈的不愿保卫国家的情绪以及对爱国主义的蔑视。

3. 西班牙与荷兰的美学模式

我相当教条地写了政治力量与美学活力在时间上的巧合。以西班牙为例，其政治崛起始于 1474 年斐迪南和伊莎贝拉的联姻，衰落的开始以 16 世纪后半叶失败的荷兰战争、1588 年阿马达的溃败以及 10 年后菲利普二世的死亡为标志。但是，西班牙第一位最杰出的画家埃尔·格列柯直到 16 世纪最后 25 年才活跃起来。塞万提斯直到 1605 年才写出《堂吉诃德》。西班牙绘画与文学的河流一直流淌到 17 世纪最后 25 年穆里罗和卡尔德隆辞世。换言之，西班牙的黄金时代是在阿马达被击败之后。

荷兰模式更为紧密。对西班牙的反抗始自 1566 年。17 世纪后半叶，同时发生的反抗法国和英国的持久战标志着衰落的开始。从 18 世纪起，荷兰成为一个三流国家。荷兰第一位伟大的画家哈尔斯生于 1580 年。荷兰最后一位画家霍贝玛死于 1709 年。荷兰最杰出的画家伦勃朗在 17 世纪中期享有盛名。

87

三　对人类的态度

人们总是群体生活。像鹿一样，人是群居动物，而不像狐狸那样离群索居。而大多数动物只有季节性迷失，比如发情期，人类也有文化迷失。从已说过的话中，我们应料到，在融合期，人们会彼此和睦相处。当他们适应社会时，他们也彼此适应。我们也应料到，解体发生之时，人类关系会变得更具毁灭性。

例如，在宗教融合期，人们在与神或宗教机构的关系方面都是志趣相投的崇拜者和盟友。这不是说他们彼此之间的关系应该怎样，而是他们一起登上同一条船上，就他们强化彼此的信仰而言，他们形成了对彼此的好感。

也是在这样的时期，我们会发现家庭是基本的宗教单位。但是家庭成员之间的关系进一步延伸，延伸到村庄，延伸到个人生活中的所有熟人。可以说这种"家庭"关系在人们之间非常普遍；约定得以遵守，义务得以履行，因为人们不会想起做别的事情。

这些关系基本上是无意识的。人们做他们被期望做的事情，以别人希望他们思考的方式去思考，因为并不存在其他可能性。若有人真的以出乎意料的方式行事，他违反规则的行为被认为是惊世骇俗的。

88　　然而时光流逝，文明丰富发展。社会交流增多，人们必须更频繁地与陌生人打交道。社会与经济交流更加客观实用。你为了自身利益而交换。陌生人必须照料自己，你也必须照料你自己。或者说，为了确保他达到他的交易目的，你让他受到契约的约束。这样，关系就变得更没有人情味，人们越来越意识不到自身行为带来的诸多后果。随着文化范围的拓宽，人们更加频繁地旅行，失去与故土和家庭的联系，在一个不太安全的世界里更多地依靠自身的资源，变得更谨慎、更自私、更加愤世嫉俗。

最终，如果这个过程持续时间过长而重构又未能实现，一些人变得冷酷无情，决心不顾别人可能为此付出的任何代价来实现自身的政治和经济目的。这种行为不会没人发现，它会受到批评，被看作不道德的行为，甚至受到惩罚。当人们意识到越来越多的人在偏离旧有标准，他们就越来越关注不道德的行为。会有人尝试重新强化现存标准，这种努力可能不会成功。也会有人尝试重新调整这些标准，以适应不断变化的形势，呼吁重新评价诸价值观，这有可能是成功重构的一部分。

然而，如果不能建立一套新标准——这是非常困难的——人们就越来越认为继续遵守旧标准是虚伪或天真的行为。冷酷无情以充分利用有利条件为特点，将会体现在新的方面。冷酷无情是理性实用主义的逻辑产物。仁慈这一概念毫无关系：仁慈可能是愚蠢的，因为任何软弱都可能给冷酷无情的回应提供机会。

煽动者们，即潜在的恺撒们，出现了。无论怎样以教义和意识形态掩饰权力意志，权力意志都潜藏在有效的政治行动之下。恺撒会得到一些人的支持。这些人将恺撒供奉为他们未竟愿望的化身，希望通过恺撒的胜利来获得权力、威望或者财富。恺撒也许是个强有力的统治者，但他的主要目的是维护个人权力。希腊暴君、新贵刘邦或拿破仑也是这种类型的例证。

当冷酷无情达到新高度，当野蛮行为不受旧有道德准则或任何超越个人得失的目的感的约束，冷漠无情便会日益普遍。人们会避免滥用他们不再尊重的体制，并离开他们不认识、不关心的同胞。冷漠无情涉及的尤其是压制与文明的土地/家庭阶段相关的情感和情绪。人们之间的关系需要很长时间来发展。大型游牧民族不断结识新邻居，即使他们可能宣称对他们的伟大友谊，那种友谊一定是不自然的。邻居是一个提供帮助和安全的工具，所以游牧者再次迁徙时，就必须寻找相似的工具，就像寻找已经习惯的相似的房屋和食物一样。只要有各种类型的邻居可用，游牧者自然会牺牲这些个体中的任何一个。因此，游牧者根本不会支持他的邻居，他会有意避免"融入"其中，以便省却离别之苦。

　　有时候没有人情味是因技术差距而强行产生的。一个人本身的无情行为并非亲身经历的；这些无情行为只是必须做出的决定。这项技术性优势对于浮士德那样的人尤具抚慰作用。战争中他一般看不到自己杀死的敌人；即便在日常生活中，财产索赔或其他不满的事也是在受害人的代表之间基于客观解决的。按键式核火箭是以没有人情味的途径解决社会变化的终极武器。

　　然而，缺乏这样的便利保护时，就可能发展防务。饱经苦难，即便饱经个人苦难，也会导致反应减少。根本不可能屡获关心与同情。苦难传播越广，就越容易承受。最终，苦难被制度化。死亡游戏在特定规则下进行；突袭城市致使某些已被理解和接受的东西终结；革命法庭被组织起来，以加快这一毁灭性进程；战俘集中营里的受害者被集体处死，甚至没有个人识别的尊严。

90　　　痛苦会因冲突、无政府、愚蠢随意地使用武力、孤独、缺乏思考的日子而增多。人们会千方百计地彼此施加痛苦和屈辱，而那些未受影响的人则冷眼旁观，或者转脸不看，或者在一旁观看却看不见。那些施加痛苦的人这样做是因为他们不在乎，因为他们与他们造成的痛苦相隔甚远，或是因为他们在痛苦中找到意义，他们喜欢施加痛苦。

最终，这一进程定会达到极点。观察者变成受害者之时，冷漠无情就会终止，然后必定出现对冷漠无情的反抗，比如农民革命，或者必定出现对这一整个进程的普遍厌倦以及对回归秩序、不惜任何代价获得和平的深切渴望。如果表现出信心并喜欢简化的领袖们看上去像在修复人类关系的秩序，就会博得意外的支持。取代冷漠无情的是对冷酷无情的反抗、对情感的有意识的再审视、对文化中能够重新肯定人类兄弟情谊的方方面面的探寻。尽管兄弟情谊曾经在既定秩序下无意识地存在，现在却成为必须被思考和同情的东西。

但是，除非文明回归到封建状态，否则永远不可能回归到那种最初描绘的无意识的、熟悉的关系。国家和帝国的复杂性要求维持契约关系。自我意识的缺乏、起源阶段的特征也不可能在复兴时期重新获得。

注释：

1. 权力意志

我在最后两章表明，权力意志在转型期最强大。遗憾的是，在被斯宾格勒式的乐于权力的恺撒取代之前，汤因比式的主宰性少数派一直掌握权力。换言之，人们越来越对权力本身产生兴趣，因为其他价值标准不再具有意义。

但这不是说，在更为融合的时期，对权力的考虑没有作用。若有什么要运行，就得有人运行它，通常有运行的人，因为他想成为那样的人。而权力意志在文化谱中并不是重要的因素，该文化将不具备政治意义。如果该文化不具备政治意义，它也不会成为伟大的文化。一般来说，在一个知道如何运用落在他身上的权力机制的强大领袖领导之下，不管装饰物如何，事物都会最有效地运行。

2. 厌倦 vs 普济主义

前两节表述了这样的观点：某种社会性厌倦是任何政治统一的先决条件。在人们因倡导世界和平与全人类兄弟情谊而被投入监狱的世界里，这种观点似乎相当消极。但是，激进的和平主义是一小部分暂时适合它的人的反应。更为常见的反应是反击或放弃。在某种意义上，放弃为成功的转型创造了条件。从以前的敌人身上发现美德是对失败的安慰。人类的兄弟情谊，以及大多数类似的情感，即使获得了，归根结底也会成为合理化存在，而非承诺。

3. 地方自豪感的放弃

无根的政治后果之一似乎是地方自豪感与忠诚的放弃。当人们从一个地方搬到另一个地方，他们越来越不关注任何所在地如何被管理。总之他们会继续前进。这就把地方政府交给那些打算留下的人，顾名思义，几乎是不太成功者。必须修路、清理河道、建立学校时，中央政府就被迫行动起来，否则将没有任何结果。

92

四 对形式的态度

英格兰黑斯廷斯小镇上方有座山。往右看，可以看到老镇，向里弯曲，白色和棕色的屋舍一路交错蜿蜒，舒适愉悦。左边可以看到新镇，有红砖、笔直的道路、工业和高效率。老镇和新镇看起来是那么格格不入，很难相信二者会有什么联系。欧洲到处都是这样风格迥异的镇子。我们从代表了我们生活方式的新镇来，去看那些古镇，试图重拾已经丢失的东西。但是我们若想重温这种感觉，我们最好离远一点。要是走进老镇，我们会看到电视天线，看到正在下足球赌注的老婆婆，看到婴儿咬着一个得到权威机构认可的巧克力味塑料拼图玩具。老镇只是一个使人想起另一种生活和另一种态度的外壳。

　　老镇和老村拥有的和已规划的新镇格外缺乏的都是形式感。93
为什么呢？因为这些建筑材料是周边地区的吗？或是因为保护的
需要确立了要捍卫的界限吗？又或是因为该文化太过融合，以至
于不用任何人思考，形式就必须在那里吗？看着新城突然不同于
老城，很难不让人觉得外部结构非常准确地反映了内部态度。而
在重现的城市化进程中，逐个规划的结构和空间合并成一种绝对
的、不完整的无形式。这一进程只是从一种融合形式过渡到另一
种融合形式的生动写照。外部结构的确反映了形式的内在意义或
是形式内在意义的缺失。审美指示物——建筑、雕塑、一个文化
的绘画——都非常准确地反映出那时的思想和情感发展。

　　农耕文化通常有内在的比例感。人们制作手工艺品，因为手
工艺品与该文化之间存在基本的功能关系。农舍含有生活所需用
品，教堂则含有膜拜所需用品。当然，使用当地材料是非常自然
的，反过来这又加强了环境的自然性。

　　但是，随着文化继续发展，人为选择开始出现的时期就来临
了。家庭拥有足够的住房、家具和设备来满足他们迫切的需求。
现在，他们可以选择努力提高生活水平或者尝试非功能性的创
作，尝试削木头、雕刻或绘画。随着时间流逝，就有精致化的趋
势，人们趋于由简单到华美的创造倾向，这样的创造倾向是从无
意识发展到有意识的。对形式的意识并不意味着要发生退化。不
管你是喜欢哥特式教堂胜过雷恩设计的教堂，或是喜欢地方村庄
胜过18世纪的新月状街区，很大程度上都是个人品位或心情的
问题。意识的发展伴随着许多既定标准，而成功地解释这些标准
会赢得褒奖。人们开始把自己看作建筑师而非建造者。他们意识
到创造能力，意识到以全新原创的方式解释标准的能力。

　　但是文化的主流形式最终得到充分发展。现在人们越来越面
临一种生活中无处不在的窘境。正如旧的标准不再适用于政治、
经济或对社会的态度一样，旧的形式标准也不再适宜。精致化变

得过度，最终变得荒谬。为了避免重复，建造者或作家倾向于大小、颜色或华美的极致。在追求效果的过程中，风格被随意借用或是糅合，比例感却丢失了。拉美西斯的庞大主义或洛可可风格的精美细致就是这种冲动的结果。

比例感的丧失反映了旧形式的消亡。但是正如融合文化的形式往往无处不在一样，我们应预料随着解体过程持续进行，无形化将越来越无处不在。无形化会在象征态度转变的有形形式的瓦解中得到体现。这个过程本身不好也不坏，因为没有旧形式的瓦解，就不可能有重建。

94　就像一体化农耕文化的牢固家庭具有内在形式感一样，失去根基在很多方面促成了无形化。传统的缺失、家庭结构的弱化、世界主义、交通与通信的发展都不利于区别性分离、稳定和秩序。这一切都用来融合文化个性，创造一个普遍统一体，这个统一体缺乏进一步创造所需的独立资源。标准化和一致性对于城市游牧者是必要的，因为不管在哪儿，他都从他周围的同类人和事物上找到安全感。所以就出现了以可互换的人为特征的大杂烩文化。这种普遍的世界主义类型与无形式的文化相符合。

就像黑斯廷斯小镇体现了一种不再具有实质内容的形式一样，其他的形式遗骸才得以幸存。政府机构将被那因这些机构没有意义而统治的恺撒保留。教堂保留服务的形式，但是教堂不再向日益减少的会众传达任何意义。旗帜象征国家，但是人们厌倦了国家代表的意义，孩子们厌倦了庆典，士兵也因必须而服役。

一个成熟文化的大部分精力都被用来抵挡无形式的趋势。城市规划者力争在内部无意义中制造外部意义。产业有组织结构图，将军们有为他们看不见的战役准备的作战图，商人雇秘书来保存那些旨在理解他所做之事的文件。实现商界和政界标准化、秩序化的最常用的方法之一被非常恰当地称为"形式"，而且有数百个相当标准化的笑话，这些笑话都是关于这些形式没有实现目的，却一式三份地加重了混乱的。

如果要进行重建，新的形式会最终取代那些已经崩溃的形 95
式。当评论家为丧失标准而惋惜时，一些艺术家可能觉察到新事
物、与他们的时代问题相关的事物的迹象。但是在一个受到旧事
物制约的世界里，很难区分什么代表真正成功地发现了适合即将
来临的融合的形式，什么仅仅是绝望、无意义而又盲目的试验。
或者，也许不是艺术家，而是寻求解决时代问题的工程师或者工
匠发展了适当的形式。但是一旦发现意识，就不可能再度失去意
识。任何没有回归封建主义的重建都得接受形式和态度的有意识
的联系。

无形化是解体态度的基础。无形化是无处不在的因素。它的
主导性否定了对形式的研究。想要理解这类文化的人会忽略这一
点，如果他专注于政府、经济体系、习俗和宗教的话。这些可能
是空壳。他不能通过研究贸易协定或外交谈判或战斗或得失的土
地清单来理解国际体系。但这不是说普遍的无形化就等于普遍的
无意义。只因为发生的事情可能是无意义的，寻找意义的努力才
特别有现实意义。思想和态度的世界是这里关键的世界。不理解
知识和情感地下活动中发生的事情，就不可能理解有形的形式。

我们已经看到，在融合期，文化中的大多数态度都会与保存
或修正该文化以及构成该文化的人民和形式有关系。在转型期，
该文化的结构和思想会受到冲击，其中许多会被摧毁，但也会有
态度和力量向新型合成发展。

现在剩下的就是把文化阶段的物理标识和精神标识并入文明
的基本模式之中。

注释：

1. 原创性的意义

通常我们把原创性和发展过程联系在一起。然而，当人们只

看重原创性本身时，当人们力求独创时，当人们担心他人因自己的思想获得认可而捍卫自己的思想时，我们可能怀疑一种模式正在接近发展的终点。那么原创性意识可能意味着该模式没有太多的发展空间，或者意味着人们寻求摆脱这种模式。当一种风格处于发展之中时，还有很多事情要做，而供给也很丰富，人们无须担心保护自己的思想。

96　　　2. 批评、分类、编纂

一种模式已达到巅峰的另一个标志是人们倾向于后退一步并审视它。人们批评在整体标准背景下的当代发展；人们把各种发现和发现者分门别类，根据人们的异同将人们划分成不同学派；人们制定法典、规范、惯例；有大量的概括总结悬而未决。

3. 过渡性创造的问题

在转型期，天才艺术家或作家面临着一个难题。他不能模仿旧有模式，因为旧有模式已被制定出来。他要建立新模式的努力取决于他对所处时代的直观认识和摸索未来的运气。他会遭到统治集团的严厉批评。统治集团支持已经被淘汰很久的旧标准。天才艺术家将和大量欺诈者竞争，因为谁都很难批评没有为此而建立标准。因此，画家可能不得不与随意晃来晃去的猿和婴儿竞争，也可能灵机一动，想出一些令人满意的组合。探索新模式的先驱即便为未来成功建构一种模式，也别指望能获得多少认可。总之，谁在乔托之前画画？有可能的是，不论他如何出色地构想出自己的模式，这些模式最终都不会被采纳。像一个天才精子般的，他也可能错过卵细胞。面对这些可能性，过渡艺术家必须具备超常的自信，或者在另一个时代原本称为信仰的东西。只有他的目标是远高于获得认可的东西，他才能保持自我。

4. 作为艺术阐释者的比较历史学家

比较历史学家们阐释抽象艺术时可能是不可靠的。他们往往把抽象和无形式以及形式表现联系在一起。然而抽象常与纯形式有关——看看立体主义，而表现常常表示形式的消亡——想想印象主义。抽象主义催生了新形式吗？或者抽象是追求无限未知的浮士德式的方法吗？

历史学家评判艺术家的问题可以用弗林德斯·皮特里的故事来说明。皮特里引发争论的小书《文明的革命》充满了大量图片，用以说明不同文明中"古代的""发达期的""文艺颓废期的"雕塑和绘画。R. G. 柯林伍德从皮特里的书中剪下这些图片并拿给不同的艺术家看，问他们哪些是古代的哪些是文艺颓废期的。令柯林伍德高兴的是，在很多情况下，皮特里认为是文艺颓废期的图片，艺术家们却认为它们胜过了那些皮特里认为代表了文明成就巅峰的图片。

皮特里知道后，评论说这只说明与他同时代的艺术家们已经变得多么颓废。

5. 庞大主义

汤因比用庞大主义这个词来描述数量取代质量时尺寸显得过大的情况。这时创造性模式不能再承受任何精细化，而且要想创造出某种与众不同的东西，这个创造性模式就必须被处理得更夸张些。因此，法老们力求比祖先建造更巨大的金字塔，摩天大厦的建造者们你追我赶，要看谁能建造最高的大厦。就我所知，汤因比没有谈论十二卷的历史研究。

6. 拟古主义和未来主义

汤因比和其他人用拟古主义和未来主义这两个术语来描述有意识地努力处理无形化问题。有意识地渴望回到仿佛更美好的过去，或者有意识地渴望摧毁现在并马上创建某种新事物，这都可能失败，因为这并不是来自任何内在的灵感，而是出于认为现状一无是处的绝望感。

另外，解决问题的方法可能涉及看起来像拟古主义的东西。例如，一个画家可能有意或无意地借用前人的形式，因为这些形式和他正在解决的问题有关。或者他可能创造什么东西——不是因为他准备不惜一切代价做些新鲜事——而是因为在解决问题的过程中他有了新发现。

　　只有形式和行动是不够的。我们还必须理解形式和行动背后的环境、动机和态度。概括对无形化的种种反应时，拟古主义和未来主义都是有用的概念。但若把它们用作包罗万象的范畴，却是很危险的。

资料源

98　　　1. 对世界的态度

　　阿诺德·汤因比和彼蒂里姆·索罗金都详细阐述了物质/精神两分法理论：分别在《历史研究》，第七卷：381—568，"普世教会"和《社会及文化动态》，节略本，第一部分，2—66。也可参见汤因比，《研究》，第五卷：376—382，557—559，"别种行为和感觉"；索罗金，《社会、文化与人格》，第四十一章，607—619；尼古拉·别尔嘉耶夫，《历史的意义》，210—219；阿尔伯特·史怀哲，《文明的衰败与重建》，第二章，"精神生活中的障碍"；菲利普·巴格比，《文化与历史》，206—215。

　　2. 对社会的态度

　　在态度、审美活力和社会政治诸形态之间的关系方面最相关的是奥斯瓦尔德·斯宾格勒，《西方的没落》，第二卷：169—184，民族性格；汤因比，《历史研究》，第三卷：337—390，"成长的差异化"；第四卷：303—320；索罗金，《社会及文化动态》，第三卷：364—375；A. L. 克罗伯，《样式与文明》，137—149，《文明的艺术途径》；克里斯托弗·道森，《世界历史的动态》，68—74，"艺术与社会"；弗林德斯·皮特里，《文明的革命》——整部书都基于审美途径；雅各布·布克哈特，《力量与自由》，169—184，"国家决定的文化"以及211—230，"文化决定的国家"。

3. 对人的态度

常见契约关系：索罗金，《社会及文化动态》，节略本，⁹⁹445—449。权力斗争：斯宾格勒，《西方的没落》，第二卷：431—435；汤因比，《历史研究》，第五卷：35—58。无情和冷漠：斯宾格勒，《没落》，第二卷：420—455；索罗金，《社会、文化与人格》，617—619；汤因比，《经受着考验的文明》，161—163。厌倦与普济主义：斯宾格勒，《没落》，第二卷：184—186，432—435；索罗金，《动态》，第四卷：777；汤因比，《研究》，第五卷：342—343，第七卷：69—80，第六卷：1—48。

4. 对形式的态度

大规模无形化：汤因比，《历史研究》，第五卷：439—569；克里斯托弗·道森，《世界历史的动态》，54—67；菲利普·巴格比，《文化与历史》，212—216；别尔嘉耶夫，《历史的意义》，209—212。城市无形化：斯宾格勒，《西方的没落》，第二卷：85—110；第一卷：31—33；克罗伯，《人类学》，280—286。审美形式与无形化：斯宾格勒，《没落》，第一卷：217—296；汤因比，《研究》，第五卷：480—483；克罗伯，《样式与文明》，137—149；索罗金，《社会及文化动态》，节略本，68—224；弗林德斯·皮特里，《文明的革命》。无形化的其他标示：汤因比，《研究》，第三卷：153—154；第五卷：383—384；第六卷：51—63；索罗金，《动态》，节略本，170—171。

第五章

发展模式

一　绘制模式

在这一章，笔者将根据前几章所呈现的材料提出一种文明模式。

之前我们推导出了一个基本模式。这个模式考虑到了解体、僵化、重构的全部可能性，并因此留下了无数可能的组合方式。然而，由于解体和僵化招致一个特定体系的终结，我们无须知道除解体和僵化之外会发生什么。重构是重复已经出现过的情况，因此，这个模式只不过是被部分地再次使用。把这些重复情况纳入这个模式就好像再写一遍重复的音乐。那么，剩下的则是从封建体制阶段向帝国体制阶段的发展。即便在此，部分出于易处理性，部分出于无知，我会省略最初和最后的转型期。这就得出一个从明晰化的封建体制到明晰化的帝国体制的序列：

FC – FT – SC – ST – IC

这个模式可能仍太过于面向西方，因为斯宾格勒、汤因比和索罗金都更多地运用欧洲、地中海和西亚的例子。我没有尝试一一说明这里涉及的许多归纳总结。要这样做的话，我得挖出许多没有被比较历史学家使用过的例子，这将得出另一个不同模式。另外，这个模式已经太过繁杂，太过兼容并蓄；它需要简化而非复杂化。但是简化的方向取决于将如何使用这个模式。

关键在于，最好是用一个在一些方面稍有不足的模式来探讨　104
比较历史，而不是完全不用任何模式来解读比较历史。若没有一
个参考框架，几乎不可能获取如此众多的信息，也无从知晓哪些
信息可不予理会。

这准备作为一个运转模式；若该模式在若干文明史的背景下
得以检验，该模式应被大幅修改。我期待着亲自做些检验，但我
希望这个模式能对历史、哲学和人类学专业的其他学生有用。

用图表来呈现这个模式（图 5）是一次令人不安的经历。这
样的图表自行生成内部模式，似乎有自己的生命力。当完成图表
的时候，你担心它很大程度上偏离了它原本应该说明的模式。正
如担心根据小说拍成的电影一样，这样说或许更坦率一些，即这
个图表基于这个模式。

水平虚线把文明的组成部分分割成六种不同类型。自上而下，
这些类型有：观点（奎格利的术语，包含宗教、哲学和世界观）、
美学、社会、经济学、政府以及国际关系。顶部和底部接近水平的
实线正是为了让该图表制作者确信其对象不必有模糊的边界。

向下和向左倾斜的虚线大体上分开了交替更迭的转型时期和
明晰化时期（分别用 t's 和 c's 表示）。这些虚线之间的区域向左
倾斜是出于这样的设想：精神指标往往在物质指标之前（尽管
它们反过来被经济政治发展所重塑和修正）。

相形之下，平均分布的垂直实线（用 T's 标记）划分出相等
的时间段。例如，我们将西方文明称为 T3 1750，间隔代表大约
250 年。每一条垂直的 T 线代表一个抽样时间点，任何一个这样
的时间点都有处于转型政治阶段的文明，这样的文明却有着表明
融合倾向的态度和思想。因此，一个生活在由 T3 和 T4 之间的垂
直线代表的时间点的人可能看到国家体制环绕着他，却感觉到帝
国即将到来。

表1

时期	观点	美学	社会	经济学	政府	国际的
明晰化的封建体制	**精神：** 虔诚 信念 统一的教堂 人崇拜上帝（神） **生活：** 内部安全 外部恐惧 宗教教义 **世界：** 地区主义 不透性	**形式：** 直觉服务于宗教目的 **主题：** 宗教 农村 格式化类型 **媒介：** 公共建构 民歌 口头史诗 **艺术家：** 业余 匿名的 艺术无意识	**上层阶级：** 统治的贵族 和神职人员 家庭—土地关系 僧侣学者 **中层阶级：** 分散的城镇居民 有组织的手工艺人 **劳动阶级：** 农民为基础的经济 扩大的家庭 **农村：** 农村社会 乡村主宰少数 城墙环绕的城镇 **城市：** 稀少且是地方性的	**农业：** 自给农业 庄园关系 **商业：** 流动商贩 **金融：** 以货易货 **工业：** 庄园手艺	**统治者：** 领主 教会统治集团 **形式：** 封建关系 独立城镇 教会法规 **教育：** 教会主宰 僧侣学者	**和平：** 季节性的 宗教的 **战争：** 蛮族入侵 封建有限战争 围攻 绅士部队（军） 骑兵队 **形式：** 封建主义 **规则：** 封建职责
转型中的封建体制	**精神：** 上升的 唯名主义 改革 人文主义 上帝（神）崇拜人 **生活：** 焦虑 宗教哲学 异端邪说 **世界：** 激进地方主义 民族意识 新观念受到欢迎	**形式：** 古老风格 实验 **主题：** 世俗化 异国情调 理想化类型 **媒介：** 圣歌 爱情诗 史诗 **艺术家：** 风格（时尚） 先驱 艺术意识	**上层阶级：** 国家征用 异端挑战 牧师的疏远 过剩的上流 社会人士 **中层阶级：** 行会的衰退 商人的崛起 家庭—财产关系 **劳动阶级：** 强加的农奴身份 农民的转移 移居城镇 **农村：** 城镇市场中心 附属于国家的城镇 **城市：** 城邦国家的融合 首府城市的出现	**农业：** 自给农业 商品农业 国家 控制的 土地 私有庄园 城镇市场 农村失业 **商业：** 不断密集的贸易开发 **金融：** 主要货币 积累的资本 **工业：** 手工业的衰落 分散的工业 专业化 间接生产	**统治者：** 暴君革命 小国君主的出现 贵族委员会 **形式：** 世俗化的贵族 新兴主权国家 教会法规挑战 国家公正 **教育：** 私人的， 世俗的导师 学徒制	**和平：** 和平的尽头 **战争：** 争夺权力的战争 权力之间的战争 宗教战争 外部经济战争 绅士部队 农民雇佣兵 骑兵和步兵 商船船员 **形式：** 扩张的国家 国家限制国家 城邦的融合 **规则：** 习俗法 发展中的外交

105

时期	观点	美学	社会	经济学	政府	国际的
明晰化的国家体制	**精神:** 实用主义 物质主义 世俗化 教/国分离 宗教宽容 人崇拜人 **生活:** 自满 自我意识 现实主义 重视理性 基本的科学 理念 分类 **世界:** 发展民族主义 封闭式宽容	**形式:** 风格的顶峰 技术水平 细化 改进 重视音乐 结构 诗歌形式 **主题:** 现实主义 社会意识 社会代表 独特的二级 特征 **媒介:** 世俗音乐 世俗戏剧 论说文 散文 小说 内部装潢 **艺术家:** 大师和伟大 作家 形式意识 对个人风格 的追求	**上层阶级:** 达官显贵 买办显贵 地方显贵 **中层阶级:** 富有的新贵（暴发户） 生机勃勃的企业领导人 家族企业 专业行政管理 知识阶层 农民土地所有者 **劳动阶级:** 佃农 扩大家庭的瓦解 新兴无产阶级 **农村:** 闭塞乡村 城镇年龄 增长的人口 **城市:** 首府城市 海港 商业中心	**农业:** 商业农业 扩大的农场 新的农耕方法 **商业:** 商业时代 殖民化 殖民贸易 **金融:** 中央银行体系 投资 **工业:** 集中工业 政府支持的工业 重工业 标准化 创新 城镇就业	**统治者:** 世袭君主 中产阶级部长的崛起 **形式:** 稳定的君主制 适度地方自治 中产阶级革命 共和国 专业的行政管理 国家法典的编纂 **教育:** 大学 职业教育 私立学校	**和平:** 休战 （大规模和解） **战争:** 有限战争 殖民战争 正规军 战时民兵 正规海军 **形式:** 权力平衡 联盟体系 **规则:** 国际法的编纂 细致的外交准则 永久使馆

106

107

时期	观点	美学	社会	经济学	政府	国际的
转型中的国家体制	**精神：** 舒适保障 极端实用主义 无情 冷酷 禁欲主义 决定论 宗教形式的复兴 对普遍真理的追寻 人谴责人 **生活：** 焦虑 个人主义 自我分析 社会意识 疲倦 分门别类 乌托邦主义 攻击理性 直觉理论 自然理论 分类 **世界：** 衍生民族主义 无依无靠 世界主义 开放式宽容 外来价值观得到理解	**形式：** 过度发展 重复 失去清晰 不重视形式 重视内容 庞大主义 实验 模糊性 复兴 **主题：** 幻想 色情作品 主观主义 官能主义 内部探索 **媒介：** 形式缺失的小说 自由体 即兴音乐 节奏的探索 媒介的扩散 **艺术家：** 攻击传统观念的人 迎合者 移居城市	**中层阶级：** 阶级融合 神职官员 中产阶级农民 专业人士 实业家 政府官员 正规军 煽动者 知识阶层 **劳动阶级：** 农村无产阶级 城镇无产阶级 **农村：** 乡气的城镇 旅游城镇 省城 **城市：** 焦点 城市化扩张 世界主义 家庭瓦解 人口增长	**农业：** 城市控制的农场 大农场 密集耕作 边际耕作 土地枯竭 间歇自给农业 向城市移民 **商业：** 竞争加剧 战争阻断贸易 贸易平衡问题 关税 企业联合 殖民地竞争 **金融：** 通货膨胀 定价 货币波动 **工业：** 战争技术 奢侈品的生产 工业分散化 基本生产的衰退 工业联通 城市失业	**统治者：** 恺撒们 公务员 经理人 **形式：** 暴政 独裁 大众民主 地方性衰退 官僚主义 法律制度化 **教育：** 制度化 中央控制 大众教育 蛮族教育	**和平：** 冷战 军备竞赛 和平的尽头 **战争：** 绝对战争 殖民地革命 游击战 大批常备军 滚动征兵 **形式：** 平衡的威胁 边缘主宰 联盟的尝试 **规则：** 触犯法律 外交失败

时期	观点	美学	社会	经济学	政府	国际的
明晰化的帝国体制	**精神：** 自我节制 朴素生活 "品位" 宗教融合 统一僵化的教会 文化的视角 人接受人 **生活：** 顺从 仪式主义 被动性 哲学融合 哲学实用主义 打磨和抛光 重视伦理 **世界：** 普遍主义 漠然 封闭式宽容	**形式：** 关注比例 神秘艺术 宁静艺术 简单（朴素） **主题：** 平淡的 无恶意的 细微描绘 **媒介：** 精致的散文 配乐 正统材料 **艺术家：** 艺术家们的艺术家 天才缺席 轻视个人风格	**中层阶级：** 中上层阶级 中下层阶级 有名望的人 **劳动阶级：** 无产阶级 稳定化的家庭 **农村：** 人造乡村 休假 **城市：** 更广大的城区 城市化的乡村 城市家庭 人口持平	**农业：** 有效的地区农业 保护 减少农村贫困 **商业：** 道路建设 关税减免 鼓励内部贸易 同其他文明发生的贸易 同蛮族发生的贸易 **金融：** 单一货币 **工业：** 有效的地区工业 国有企业适应 高就业率	**统治者：** 绝对君主 公务员 地方长官 地方管理者 **形式：** 专制 集中化规定 地区自治 行政改革 帝国法典 **教育：** 高等教育的延伸 "标准"的提高 大众教育的减弱	**和平：** 边境蛮族 **战争：** 内部权力战争 边境蛮族战争 有限文明战争 正规军人 小型流动步兵 **形式：** 中央集权政府 脆弱的外部联系 **规则：** 帝国法典 附属外交

因此，表 1 表明，如战斗日期之类的任何东西都不能标出国家体制向帝国的转变。

这个图表在一定程度上显示了文明的各组成部分的重要性的消长变化。我们当然没有条件来衡量经济作物种植和古代雕塑的相对重要性，但是传达的整体印象是国家体制时期活动增加和帝国伊始活动开始缩减。

表 1 对文明的描述更加失真，却又更加井然有序（一个为了形式克服一切困难的例子？）。初步表明的是，虽然表 1 可能

在审美情趣方面不如图 5，但是表 1 对于研究模式来说更为有用，而图 5 用作教具则更为有趣。研究人员可把这样的表格（阐释和取代更多相关的类别）用作比较研究的参考框架。

注释：

1. "无限"组合

我说这个文明模式表明了无数的可能组合时，我的意思是：诸文明的诸时期可被连接起来的方式没有穷尽，或者一种文明理论上存在的时长也没有穷尽。但这并不意味着任何时期在任何既定时间都可以紧跟在任何别的时期之后，或者存在无数种时期。有限的要素可以无限的方式彼此关联，但并不是所有的元素都能和其他一切要素关联。

2. 时间的流向

在图 5 中，时间的流向是从左至右（因为西方的书写方向就是这种方式）；在表 1 中，时间自上而下流动。在西方，时间到底是哪个流向？沙漏自上而下，日历从左到右来读，钟表一圈一圈周而复始。我问过国际关系班的学生，他们的答案被平均分为水平方向和垂直方向（尽管他们一致同意，时间不会自下而上或从右向左流动）。

只有一个学生认为这个问题很荒谬。

109

二　封建体制

封建体制作为走出游牧文化或其他自给文化的第一步而出现，或者封建体制在大灾大难之后休养生息时存在，就像汉朝灭亡之后中国的情形。在灾难期或快速转型期，人们竭力照顾自己。他们向身旁任何一个能够给予保护的人寻求保护，他们自力更生，生产食物、搭建栖身之所。

灾难过后，随之出现的是以自给农业为主的体制。在这个体制当中，务农的人——农民——及其政治领主之间存在着复杂的经济排列组合方式；领主之间转而形成错综复杂的政治关系；而且某种仪式化的宗教综合体盛行其中。

由于没有中央权威的界线来划分大片政治区域，封建关系就是一种极端复杂的关系。上流社会的每个成员都必须与他所接触的其他成员建立关系。然而由于影响力和传统受到权力波动的挑战，这些关系发生转变，备受牵制。生活在封建体制中的人们几乎意识不到整体关系，而处于一端的普通权力机构与处于另一端的权力机构几乎没有关系。但这些权力机构，以及那些夹在这些机构中间的权力机构，对历史学家而言，似乎以相似的方式运转，并提出相似的方法来解决相似的问题。

封建战争主要是权力和影响力的战争，因为不会有太多的意识形态差异，财富也往往更多地用于增强影响力，而非用于提高整体生活水平。这些战争将受到限定，将由贵族军队、农民和城镇居民在一年中方便的时候开战。而农民和城镇居民并没有受到太大伤害或被消灭，却常感到莫大的不便和烦恼。战役只持续一季，而非几十年。一个农民可能被一个部队掠走粮食，可能被杀死或饿死，但是农民阶层继续耕种、收获、再生产。城镇可能身陷重围，但是这些城镇中的大多数不会身陷重围，并且很少被攻陷，就算城镇被攻陷，城镇也会自救，或者最坏的情况就是失去自由，却不会不存在。战争在封建文化中占有一席之地，却没有主宰封建文化。

在封建社会成型之前的转型之中，宗教发挥了主要作用。宗教赋予了一种样式，使得更广泛的认同成为可能。宗教也提供了一种热情，使人们在重建过程中能够克服困难。因此，意料之中的是大多数封建文化中存在双重政府，尽管混合的比例可能差别很大。精神结构是存在的，人们对他们的宗教和教会法规的导引负有义务。同时，世俗问题常被呈送给贵族阶层规定的机构。上流社会每个成员都有义务为那些受他们保护的人提供内部和外部保护。

基本上，封建体制依赖庄园关系内的自给农业：农民为自己、为上流社会、为那些专门维护或生产手工艺品的庄园手工业者或乡村手工业者生产粮食。一年当中，有时城镇居民也能在田间帮忙。最常见的交易形式是以物易物，通常是流动商贩从遥远的地方带来异域商品。与邻村的农民做生意毫无意义：他和你生产的东西一样。

大多数人都是农民。权力由上流社会和神职人员共享。大多数乡村手工业者和农民在外貌、思维方式和感情方面并无区别。但是城镇居民可能骄傲地认为他们的地位高于农民，不同于贵族阶层，也独立于贵族阶层。如果说能有一个区别性的学者阶层，通常也在神职人员当中，中国的情况除外，中国的上流社会扮演了神职人员的角色。

111 　　封建社会基本上是农业社会，只有零星的小村落和偶尔一个大村庄。城镇也相对较少，与村庄的区别在于观念和有形的城墙。关系紧密的大家庭仍是所有阶级的基本单位。三代人可能生活在同一片土地上，紧密的区域和情感纽带可能通过兄弟姐妹和其他亲属来维系。

封建文化可能提供了某种最大限度上的安全。人们很虔诚，笃信他们的宗教。虽然这给了他们极大的安全感，以应对各种恐惧，但是比起他们身处更为理性的时期，这些恐惧更多，也更难以解释。在封建时期，哲学和神学往往紧密相连。神学教义遍及其他一切事物，控制其他一切事物，限制其他一切事物。好奇心和调查的习惯不可能得到鼓励。

存在的审美形式从未被当作艺术，事实上，通常这些审美形式不是很有趣。任何被建造的东西要么服务于功能目的，要么服务于宗教目的。形式常常简洁明了，但是形式也可能是重复性的、单调的、相似的。

　　封建体制可能与外界文化保持着最低限度的联系。必须减少形成期的野蛮入侵，否则文明永远无从开始。当然，封建体制可能被一个更成熟、物质上更优越的体制征服。如果发生这种情况，封建体制会被消灭，或者被并入那个更大的体制，我们将研究那个更大的体制。或者封建体制会受到束缚，但没有毁灭，那么我们将得到斯宾格勒称为"假晶现象"（见注释）的畸形发展。假设没有发生这种灾难，封建国家可能不为外来态度、思想和美学所动，除非它们被强行引入。虽然封建文化缺乏政治或经济中心，但它仍是一个封闭自足的体系。

注释：

1. 假晶现象

　　斯宾格勒从地质学家那里借用了这个术语，地质学家用这个词来形容岩石在外部压力之下形成不规则形状的现象。用这个术语来描述封建文化的发展受到强邻阻碍时封建文化中发生的事是恰如其分的。如果这种现象发生在关键的形成期，我们可以预计文明随后的发展会非同寻常。这种文明必须同汤因比所说的完全没有得到发展的"夭折"文明或在早期就僵化的"停滞"文明加以区别。中东，这块众多文明的发祥地，可能是产生最佳范例来说明这种现象的地区（第六章第二节和第七章第二节也讨论了假晶现象）。

2. 十字军东征

　　尽管在封建体制的发展进程中估计会发生宗教战争，但若集中组织的十字军东征结果是一种反复出现的现象，我会感到惊讶。发生这些十字军东征，是因为意识到西方文明的宗教源头，是因为这个地区恰好是一个更加先进的、基于另一宗教的文明的所在地，也是因为西方的独特性情和组织能力。

三　中世纪的衰落

文明与原始文化的区别在于改变的能力。如果一个原始文化有效运行，它可能长期保持现状。但是一个文明有效运行时，它可能不断成长。人们会提高生产能力，这又会伴随着更多的资本、更多的市场需求、更多的闲暇来产生思想、氛围的改变以及不合时宜的现有制度的紧张局面。这些为解决问题而建的制度不能再解决问题，因此它们开始瓦解，或者开始由更新、更适宜的制度来履行它们的职能。

封建体制和国家体制之间转型的特征是：自给农业瓦解，城镇日益重要以及随后对上流社会的政治权威构成挑战，宗教综合体与双重政府的瓦解。在这种情况下，必须要有一种新的政治权威，君主制似乎已成为这种通常出现的形式。在这样的时期，充满活力、富有魅力的领袖有非同寻常的机会来扩大自己的控制领域。在较短的时期内出现几位这样的领袖并不罕见。他们是否建立起对更遥远的区域实施有效控制的政府，取决于他们是否得到政治上机敏的巩固力量的支持。然而，这样的领导组合迟早都会出现，新型国家也会开始出现。

在这样的时期，战争可能连绵不断。战争会发生在主权国家之内，国家之间，也会与其他文明发生战争。内战持续，直到一位元首建立了对一个地区无可争议的霸权。强国间的战争常因缺乏领土控制的明确说明而发生，尤其发生在新涌现的王朝通过联姻建立了分散保有地的时候。如果这样的战争伴随着冲突双方之间的宗教差异，将会更加惨烈。更有可能出于精疲力竭而非双方的协定而出现断断续续的和平期。外部战争可能发生在贸易权的争端方面或者商贩与野蛮人接触的地方。如果国际斗争的宗教方面延伸至外部领域，与野蛮人的冲突可能更为激烈，不同强国代表之间的冲突可能也更残酷。

商业和战争一样，形成于初起国家之间，随着文明之外的领域而大幅增长。政治单位的明晰化使几种主要货币得以采用，贸易壁垒得以减少。

经济作物农业的兴起产生了剩余劳动力和剩余商品。一些剩余劳动力被纳入贸易——比如配备船员，一些被纳入城镇手工业，少数情况下被纳入初起的分散式产业。后者人口增长，而那些不能再自给自足的人的需求给手工业者的生产力带来重负。

城镇是活动中心，充当了周边村落的市场中心。农民从庄园带来剩余产品出售和交易。上流社会成员常常光顾城镇，寻找商贩从远方带来的奢侈品。虽然城镇与周围的贵族阶层保持独立，但城镇也逐渐出于自愿或被迫宣誓效忠王孙。如果必要的话，后者能够控制进行一场成功围攻必需的武器、资源和人力。

在这个时期，农民的生活较之从前可能更不安全。他可能经济上比较富裕，却更有可能不满。不满部分来自流离失所的危险，部分来自贵族阶级日益增加的压力，而贵族阶级自身也受到经济发展的威胁。随着自给农业被经济作物农业取代，贵族阶级自然变得羸弱。他们的情况是，政治影响力尚在，经济基础却逐渐动摇。随着世俗化进程的发展，神职人员的权力和影响力也在衰退。随着由行会代表的手工业者力争保持主导地位，中产阶级，首先是商人，然后是银行家和实业家，变得日益强大。然而，手工业者的崛起发生在封建晚期。他们的经济基础也比贵族的长久。失业现象很普遍，如何解决贫困的问题频频出现。有时候，农村贫困人口和城市贫困人口会激烈地反抗雇主和领主。这样的反抗总是被极其残酷地镇压。改变社会关系引发各阶层的嫉妒和焦虑。日益增长的唯名主义和经济变化正在摧毁令人安心、起到支持作用的旧传统，而民族意识和不断增加的对新生事物的感受性则对普遍的沾沾自喜的地方主义构成挑战。哲学挑战神学的主导地位，致使教会更加专注于异端邪说和教会分立问题。内部改革发生了。人依然关注上帝，但人也关心自己与他人的关系以及与所处文化的关系。

115　　这是一个宗教感情在人身上的运用创造了英雄风格的时期——形式强健有力，清晰度颇高，塑造典范而非唯一，缺乏自我意识，常常拥有在后期从未被超越的美、简洁和精神性。

　　文明的外部接触可能随着外部战争而增多，因为经济扩张进程把探险家、商贩和殖民者送达熟悉的领域之外。就文化经济物资而言，这些冒险家带回来的可能远远多于他们给予异域文明和野蛮人的（在第六章中作了界定，"与野蛮人的冲突"），因为这些冒险家们没有太多可以给予的，却已形成索取的强烈愿望。他们会迷惑欺骗野蛮人，欺凌有钱人，却使得文明退化，他们能从发达文明中获得审美和知识方面的益处，即使他们不能击败发达文明，也不能获得有利的贸易条件。这些入侵的影响可能反映在新技术、新思想、新形式的发展之中，可能借自其他文明，却被修改，以适应衰落中的中世纪正在发生变化的模式。

116

注释：

1. 民族国家和城邦

这个模式似乎更适合民族国家体制而非城邦体制。城邦早在民族国家之前就独立于封建体制。城邦基于自身防御能力来发展壮大，而不是基于扩大控制领域的能力来发展。如果一个城镇孤立存在，它可能是个封建城镇，独立于上流社会，却依然受制于封建社会有影响力的人物。但若它和其他城镇关联发展，就会出现不同的模式。这会导致城镇贵族阶级终结，世俗化进程加快，形成暴政或共和政府、复杂的外交、制造和贸易体系，以及美学和思想迅速、有时令人震惊地达到顶峰。但是在城邦体制能够自行重组之前，该体制可能影响周边转型中的封建体制，最终该体制被它外围更庞大、更粗鲁、更强大的国家所融合或是分割。在反抗更强大的外围国家时，城邦通常没有战斗力。腓尼基诸城是个例外。它们通过保持强大的海军、避免与亚述人的敌人结盟、在与古典文明的经济联系方面服务整个美索不达米亚文明，设法抵御了亚述人达数世纪之久。

2. 音乐无痕

我们往往基于留给我们的艺术品做出美学判断。这会使我们产生西方音乐具有优越性的歪曲印象。其他文明留给我们的只是一些乐器的残存物。我们不知道它们演奏过什么。我们只能猜到节奏，却听不到声音，我们也压根儿不知道它在全部文化中占据多少位置，或者它以怎样的方式融合到文化之中。

四 国家体制

117

任何转型期都可能通过恢复到以前的状况而得以解决。对正在解体的封建体制来说，可能是政治改革没有实现，外部关系有待建立。在这种情形下，可能产生一个新的宗教综合体，回归自给农业，并且该封建体制——显然是危机时期的基本文明体制——会被恢复。

另外，掌管商品作物经济的高效的世俗中央政府的模式会占据主导地位，而这个封建体制会被明晰化的国家体制所取代。比较历史学家们在国家体制研究方面比较薄弱。汤因比和昆西·赖特已从五个体制中得到概括总结：现代欧洲的体制、意大利文艺复兴体制，古希腊体制、希腊城邦体制以及中国春秋战国时期的体制。还有很多其他的体制，著名的有汉唐帝国之间的中国，贯穿它们大部分历史的印度和东南亚，伊斯兰历史以及现代拉丁美洲。问题部分在于很难确定是否某个体制的封建特征要多于集权化特征，如中国春秋时期的体制，或者是否你研究的不是一系列毗邻的帝国，如古希腊城邦的情况。我要把国家体制纳入这个模式，同时我要提醒一下，这是研究最不充分、可能也是最需要修订的研究对象。

118　　一旦发生明晰化，国际联盟就变得相对稳定。把一个大国加入这个体制，或放弃，或被其他国家吞并都是不同寻常的。这些国家达到一种动态平衡，在这种动态平衡中，战争、贸易和思想的交流持续发生，但受到已确立的习俗和程序的支配。在政治方面，权力的平衡阻止任何一个国家占据绝对主导地位，因为其他国家常会联合起来，反对任何一个威胁要获得过多力量的国家。国际法律和外交体系变得高度细致并最终形成法典。

职业雇佣兵为了有限的经济或政治目的而打仗。军队比明晰化的封建时期的军队组织性更强，可能对平民百姓的影响也更小。因中产阶级革命引发的战争可能规模更大，也更猛烈，然而一旦革命达到目的，这种战争模式就可能消失。用战争间的"喘息"来形容打破战争常态的休战是再恰当不过了。有时，为了记录一系列战争带来的累积性的权力变化，一个大殖民地似乎是必要的。强国间进行的战争可能在殖民地重演，因为这些强国阐明了较量的主张。

君主成为唯一的世袭领袖，通常是国王。君主不再那么依赖贵族阶级，而是更多地号召正在崛起的资产阶级给予建议和支持。可能出现一个专门的行政机关、一个中央组织的财政体系、一部需要专业解释的详尽的国家法律以及比转型期更多的内部稳定性。

然而，如果中产阶级被剥夺了政治权力或以其他方式在发展中受到束缚，中产阶级可能通过革命获取权力。中产阶级最终取得国家控制权，而国王要想保住王位，会发现自己的权力正在衰退。如果国王被取代，接替他的会是暴君或者共和国。法律编

篡、参政权法案、宗教改革、协议和其他调整解决的标志都可能
出现在中产阶级篡权结束之时。

随着国内的日益稳定和有序发展，商业成为重中之重。为了 119
促进民族内和民族间的交通运输，人们修建道路。造船业成为主
要产业。寻找异域货物的探险家们常常业绩不菲。他们获得的奢
侈品常常为商人带来巨额财富。国家需要资金维持日益精细化的
政府机构，就通过建立单一货币、控制生产、保护建在不同领地
的贸易站和殖民地来促进贸易。殖民地被当作国家的前哨，那里
的居民将获得本国没有的材料，并把它们运回"家"。

随着商品贸易带来更大的利润，农业更加专业化。农民集中
生产他的土地最适合生产的东西，然后购买其余的东西，这对农
民有好处。农民开始习惯给贵族、国王或国家付钱，而不以实物
支付。

来自贸易企业的累积资本可用于支持集中化产业，如造船业
和采矿业。国家开始对生产、资助或控制支柱产业、调控进口产
生兴趣，这些进口都是以有利于国内产业的建立和维护的方式进
行的。

农民的不满持续不断。专业化继续束缚他们，因为土地被挪
作他用。同时，国家的普遍稳定减少了饥荒的发生，农民人口开
始增长。越来越多的农民子女到城镇就业。这些人口加入到无产
阶级和中产阶级之中。

贵族阶层正在失去政治经济影响力。他们的子嗣往往融入中
产阶级。上层神职人员也面临着失去政治经济权力的问题。城镇
牧师越来越像中产阶级和无产阶级，越来越脱离教会统治集团。

中产阶级设法从神职人员和贵族阶层手中攫取政治利益。中
产阶级成员可能获得更多的政治和社会殊荣。如果他们得不到，
他们可能不满，知识阶层因此出现。这个商人、官员、专业人
员、教师、学生、记者和脱离的贵族的聚集体会不断积聚压力迫

使改革，直到最后通过武力或深谋远虑发动改革。中产阶级最终掌控国家。城镇手工业在生产中继续发挥主要作用，但是手工业者正在失去社会地位。实业家在城镇中选取位置，那里的行会限制不会束缚他们，而旧的行会限制常常陷入地方性停滞状态。城镇是文化的脊梁，但一些城镇正在发展壮大，失去原有结构，既影响远离它们的地区，也受到那些地区的影响，由此面临着一系列新问题，我们一般将这些问题与城市联系起来。政府所在的城市成为首都，因而成为行政中心、交通枢纽和文化中心。现在，通信网络覆盖城市和乡镇之间，因为只有在这些城市和乡镇之中，一切才能发生，"历史才能被造就"。

120　　　尽管城镇家庭脱离了土地，他们仍然关系紧密，保持着强烈的家庭自豪感，可能经营着家族企业，通常至少在宗教外部环境中团结一致。正是被经济问题和城镇魅力所折磨的农村家庭面临着解体的威胁。

　　　明晰化的国家存在于一个意识、好奇心和自我意识不断增长的时期。人们更加自豪，认为自己和世界相关。他们有意识地、毫无羞愧地关注物质世界，关注提高自己在物质世界的地位。他们意识到自己隶属的国家，他们更加欣然地把自己与国家的命运联系起来。如果他们更多地考虑其他人，他们相信自己生活在其中的世界是美好的、前途是光明的，胜过其他人拥有的世界。他们对其他方式的容忍是对安全的、运行良好的世界的容忍；而不是对寻求革命解决方式的世界的容忍。

　　　世俗化进程持续进行。宗教宽容增强，直到执意认为一种宗教观点压倒了另一种宗教观点被视为狂热。教会在一段时间内仍然发挥了顾问、安慰者、生老病死和婚丧嫁娶仪式的管理者的有益作用。

　　　这可能是一个哲学和科学得到巩固的时期。基本的科学和哲学概念得到整合。该文明的伟大思想家可能脱颖而出。这些人不一定是最具原创性和创造性的人，但这些被视为"伟大"的人可能理解创造性思维各组成部分的关系。在一些文化中，重视的可能是理性和仔细思考问题；在另一些文化中，重视的可能是经验主义、在实验室或现实世界检验思想。基本思想被阐明之后，有可能出现一个长期的细化和分类过程。

美学发展达到顶峰。艺术和文学变得更加自觉，不再那么无名，技术上更加娴熟、更加写实，但仍然充满了太多的创造天赋和敬畏感，这是古风时期的特征。伟大的作家、绘画大师、建筑大师和作曲家都在这时出现了。音乐的发展进程要晚些时候。新兴的自我意识带来了艺术的提升以及文学分类和批评。

外部接触使贸易站得以建立，后来是殖民地得以建立。这些殖民地迟早会渴望祖国当局给予一定程度的自治，甚至会获得一定程度的自治，尤其是经过几代未出生在祖国的统治者之后。这些殖民者可能主要是中产阶级团体，因为很难用船运送封建关系。殖民者与野蛮人之间的关系可能稳定下来，因为野蛮人不得不接受这个文明诸多的价值观，并有可能被同化。这个明晰化的文明对外部思想比较封闭；该文明投射的要比获得的多。

注释：

1. 对国家体制的忽视

为什么比较历史学家们写的有关封建体制和帝国体制的东西比国家体制的多呢？可能是后者比帝国更不易界定，也可能是即便比较历史学家们也很难理解你作为众人之一生活在其中的这个体制。这对出版商来说也很难。罗伯特·威森于1967年出版了有关帝国的研究成果。为了找到出版商出版他的关于国家体制的姊妹篇，他经历了一段艰难时期。出版商们似乎把它当成了过时的作品。已有一些关于帝国的比较研究，但是威森的过时作品将是国家体制方面的首次比较研究——要是它被接受的话。

2. 作为分水岭的革命

直到最近我才认为法国大革命是西方历史重要的分水岭。它确实曾是西方历史重要的分水岭。但是从国家体制的本质来说，中产阶级革命提供了使政治变化和经济变化协调一致的调节。在这个过程中，会暂时失去秩序，战争可能更加激烈，但这就是调节的本质。发生的变化在现存事物的框架内是合乎逻辑的。与其说是建立新形式的问题，不如说是消灭累赘形式的问题。如果在政治权力和经济权力之间维持一种关系，革命就能避免。

3. 明晰化国家的地方性权力

介绍性史实叙述已讨论了很多关于新兴国家权力巩固的问题。更高级、更复杂的史实叙述通常煞费苦心地指出有多少地方性权力得到了维持。城镇和乡村坚持以多种方式自行处理事务。大多数中央政府已形成合理的税收办法和总体上允许经济发展的政策，它们便安于让这些地区自行解决问题。通常军队规模和路况是中央政府毫无选择的。这些地区自行处理事务的意愿是该体制得到巩固和明晰化的体现。

4. 阶级迁移

上面关于殖民者难以用"船"来运送阶级的一段暴露了一种西方式经典偏见。探险家和殖民者也许不需要船，但是即便如此，他们也很难随身携带他们的土地关系。当伊凡三世把莫斯科的大片土地赐给地方自治会时，就把他们拉下了权力的宝座。他们可能仍是贵族，但是他们的后代不能享有父辈曾经拥有的尊敬。即便是今天，一个生于古老的纽伯里波特家族的电子工程师搬到芝加哥去的时候，他也不能轻易地随身携带着他的阶级身份。

五　动乱时期

国家体制的一体化与封建体制的一体化一样，都不能无限期地持续下去。长期以来，由于部分依赖外部条件，部分依赖那些统治者和协商者的运气和技巧，所以就达成了调解，使得国家体制高效运行，足以服务大多数居民。但是国家体制最终也显示出需要进行大改革的迹象，显示出失去与时代大挑战的关系的迹象。不管是有意识还是无意识，人们必须决定是否要改革国家体制，用其他体制取代国家体制，或者任国家体制僵化或解体。

这种危机最明显地反映在国家关系变化着的本质上。外交被更频繁地规避，违背国际法的现象更加频繁地出现。关于军方与国家体制关系的比例感丧失，军事支出过度增加，所有大国都集结庞大的常备军。

庞大的军队迟早发生冲突，联盟体制转化为涉及大部分文明的战争体制。这些战争有时因精疲力竭而中断，这样的和平让人想起转型封建时期大规模宗教战争之后的和平。但是从长远来看，它们可能对构成文明本身的生活、物质材料和精神产生破坏性影响。如果一个大国，或由一个国家统治的选民集团成功地推翻其他大国并建立帝国，这种局面就能得到解决。或者也可以这样解决这种局面：这个削弱的国家体制被一个来自异域体制的国家征服，或者被国家体制自身的文化所孕育的更新、更庞大、更强大的外围民族统治。

外部战争可能增加，因为该体制的成员在军备建设和军事紧 124 张期间转移战斗，也因为野蛮人在征服他们的人的思想和技术激励下，努力运用这些思想和技术，从而获得自治。因为缺乏资金和技术，野蛮人诉诸连绵不断的游击战，使用一切可能的方法摆脱该文明的统治。

渴望日益多元化的社会保持高效和秩序会在税收管理、地方政府控制、法律编纂方面产生普遍的中央集权化趋势。政府可能更加官僚，可能由一个高效、忠诚、饱经忧患的永久性行政机构管理。为了处理日益复杂和无法解决的问题，大量由政府控制的新机构或私有机构可能不断涌现。然而，这些机构最终增加了复杂性，降低了政府的效率。这种情况促使强者——伟大的精简者掌权。这些强者可能基于能够传递给日益担忧烦恼的中产阶级下层的品格而脱颖而出。然而，他们一旦掌权，就可能成为暴君，执意要摧毁过时的组织，支持那些简单随意的程序，因为那些程序能实现他们的个人目的，而不是实现他们宣称要服务的国家的目的。

国家体制的相对稳定和效率最终带来微妙的内部经济危机。最迫切的需要得到满足，生活水平提高，大部分城镇居民变得富裕。文明内的生产更多地转向奢侈品生产，对基础产业的投资趋于平衡。

当这些趋势自行显现时，中央文明之外的区域已受到中央文明发展的刺激。这些外围区和殖民区开始发展基本生产，并且一旦它们得以建立，它们比中央区域效率更高。

125   这些尝试性调节是在一种事物似乎越来越不协调的氛围中进行的。动乱时期连绵不断、日益激烈的战争开始干预商业，在一定程度上破坏现有生产力，迫使各民族致力于更多地生产战争工具。这导致生活水平持平，致使主要生产商倾向于把政府的军事需要作为永久的需求来源。中央经济体系更多地受制于价格波动、过度膨胀、通货紧缩和失业。在尝试控制价格、带来缓解方面，政府是更多地担心，却效率低下。

在整个国家体制时期，农业变成了一小部分人的任务，因为工业化改进了农耕方式。农场更多地受到来自城市的受过城市教育的中产阶级的控制，通常会变得更大、更专业化。

商业、工业和农业之间日益复杂的关系，从事非粮食生产活动的大批人口，日益受到内部波动和外部竞争影响的体制，不断增强的战争破坏作用，这一切导致瓦解不断出现，结果在一些地区出现了回归自给自足生活的趋势，人们通过庭园耕作支持家用，并恢复了自给产业。

各阶级经历融合，结果很难以旧的名称来厘清他们。贵族阶级和神职人员失去重要性，有时不再是一个阶级。但是，当暴君掌权时，他们有时会"秉公执法"，类似于那些将资产阶级擢升至贵族地位的早期君主。

农民数量日益减少，要么沦为无产阶级，要么升为中产阶级农民，成为别人的雇主。行政机关构成大部分的中产阶级精英，因为政府开始掌控更多的社会职能。军方也构成这个政府精英的一个重要部分。工人阶级总是政治运动的材料，但工人阶级自身从未成为一个创新的政治因素。工人阶级的经济水平持续提高，直到经济体系开始崩溃。然后失业和后续的苦难会大幅增加。如果这种情况持续下去，工人阶级要么成为掠食者，要么消失，要么返回农村，在新封建主义条件下就业。从中产阶级下层崛起的民众领袖在这个无产阶级中寻得强有力的支持。

一旦得到中产阶级机遇，来源于中产阶级的知识阶层可能消失，但若经济组织开始运行不良时，他们可能重新出现在中产阶级下层和无产阶级上层。他们也可能出现在该文明的外围区域或野蛮人的区域，在那里，新兴中产阶级被外来领主剥夺了政治机会或经济机会。

大城市像吸引飞蛾般地吸引来自农村的最强者和最有魄力者，因而发展壮大，迫使城镇在地方上变得无足轻重。这些大城市与周围的地区失去联系，最终毁掉自己的材料源和精神复兴。这些大都市的居民脱离农村环境，形成了一种焦躁不安、反家庭的社会风气。家庭变得更小，因为孩子不必永远保持家族企业。家庭解体，孩子自谋出路，常常远离父母亲友而生活，离婚更加常见，因为没有特别的理由组建家庭。最终人口发展开始稳定，在中央区域，人口甚至开始减少。

物质主义不断增强，因为对奢侈舒适的资产阶级品位在日常生活中占有很大地位，并无暇顾及上层阶级的服务和荣誉传统。但是随着作为品味的财富产品变得让人厌倦，这样的物质主义被知识阶层轻视，也会出现不满的迹象。

　　领袖们越来越冷酷无情。但是国家失去声望时，领袖们就更多地把他们的冷酷无情用到个人目的上，人们关心国家命运时，领袖们不再关心国家命运。在竞争的各个层面，冷酷无情也有增无减，因为个人在寻找实现一己之私的手段时变得更加实际，不再考虑手段的代价。

127　　人道主义衰退，因为人们用机械的、冷漠无情的眼光看待人类。斯宾格勒称之为世界主义的态度本来与思想和稍纵即逝的时尚有关，而与人类的情感和永恒特征没有关系。不涉及品格被认为是品德。在无根的环境中，人类群体易于相互交流。他们在这样的环境中不停奔波迁移，不停遇到新面孔。个人更加难以认同地方和人，更加难以在日新月异的具有短暂时尚的世界中找到内在形式和意义。这使得人们对社会事务、公共事务和世界事务普遍厌倦，渴望休息、宁静与和平。

　　在对批评、分类以及详尽、精确、专业的调查研究的科学关注和哲学关注方面，也能找到这种世界主义态度。既然这导致了狭隘与苛求，那么在问题变得广泛普遍时，人们就会更频繁地采用选择性途径：要么重视非理性、浪漫和本能，要么科学家、哲学家、神学家和经时济世者进行综合，在敌对的哲学思想和人类关系中找到普遍因素。艺术家和作家专注于力求找到新形式，因为明晰化时期的风格正在被用尽。其中重要的多已变得精细，被扩大到庞大主义的地步，或者因为大众化消费而被淡化成相对的无形化。因此，尽管这个时期思想丰富，但是艺术家们是否成功地找到适当的形式来表达他们的思想可能取决于文明本身是否实现了重构。

　　这是一个与外围区域和外国领土关系活跃而混乱的时期。外围区域可能统治母亲文明。殖民主义者和野蛮人谋求独立。外围区域、殖民区和野蛮人的区域可能彼此具有竞争关系。但是在文明核心之内，对野蛮人和外来者的价值观和形式是宽容大度的。

在这个痛苦而又兴奋的时期，城市通过管理和经济、文化、智力活动变成中心，成为处于主导地位的中产阶级之家。城市居民过着完全脱离与早期农村的紧密关系的生活。大城市在其伟大的不朽功业和无限扩张中，表达了它所处时期的庞大主义和无形化。

注释：

1. 战争与和平

如果 1914—1918 年和 1939—1945 年的冲突是战争的话，那么之前、之间和之后的平静期可被视为和平。如果问德国的和平是否比法国的和平更长一些或更分散一些显得奇怪或有趣的话，那么肯定是因为我们通常认为和平是普遍状态，是战争被偶然铭刻其上的历史媒介。

2. 昙花一现的帝国

似乎已解决了由战争催生的问题的帝国有时被迅速地推翻。如果发生这种情况，是因为人们充分地感受到，尽管国家体制有它的缺点，但它仍值得保留和复兴：民族忠诚的态度比对战争的厌倦感要强烈。亚历山大和拿破仑的短命帝国就是鲜明的例子；孔雀王朝、印度尼西亚的室利佛逝帝国和伊斯兰哈里发政权可能是比较明显的这类例子。

3. 城市"消耗"农村

这一直是个不断出现的现象，但是西方对农村的再次入侵似乎是浮士德模式和人口激增的结果。我们已看到从前人们离开城市。罗马人有乡村别墅，他们可以从城市的紧张状态中撤回乡村别墅，得到慰藉。最近我搬出了镇子。搬到一个你可能轻易踩上马粪的地方，一个你的狗能邂逅臭鼬的地方，这是非常惬意的事。但是我们昨天在电视上看了一会城市世界系列片，今天早晨打了我们的城市电话，叫来城市水管工，因为我们的城市室内马桶不能正常工作了。

我想今年夏天我们得离开一个月，"远离尘嚣"。

4. 人口增长

在一个不到四十年的时间里人口从 20 亿升至 30 亿的世界里，撰写有关人口稳定的话题显得不合时宜。但这已是其他文明中正在城市化的地区的趋势，这也是 1870—1940 年西方的趋势。现在趋势的逆转可能是重构的迹象，或者可能是暂时的波动，这种波动会因趋势逆转引发的关注而中止。当然，大多数的人口增长正在非西方世界发生，非西方世界则处于不同的发展阶段。

5. 博物馆与动物园

克里斯托弗·道森已指出它们的相似点：两者都收集珍奇的东西，都因为环境和并置极其成功地歪曲，人们都去这两个地方看展览并惊叹不已，但很少与个人的经验联系起来。

129

六　帝国体制

转型的国家体制的问题可通过重组或过渡到帝国主义来解决。在极端冲突时期，国家体制似乎不可能恢复到封建体制，但是比较历史学家们很少谈及，我还没有发现任何清晰的例子。或许这样的恢复不会发生，因为已学会的管理形式使中央集权化成为更加自然的解决问题的方法。或许已出现恢复，只是出现在国家体制内的那些更小、更不为人知的政治实体之中。当重组或转型发生时，模式将趋于稳定和一体化。在重组的情况下，另一个相对明晰化的国家体制时期将随之而来。如果转型导致帝国形成，可能存在一些与国家体制的相似之处，但是帝国体制在诸多方面表现出一种截然不同的发展。

完全征服带来了帝国体制。之后便是内部权力战争时期，直到树立了政府稳定的形象，这需要至少一代或者可能需要两代以上。一旦权力被牢固地建立在帝国之上，内部和平的黄金时代随之而来。

战争和外交依然发生，但是它们离大多数居民的生活非常遥远。外交是与外部大国进行的，而边缘化野蛮人的战争以及与其他帝国或来自其他文明的大国的战争是由小规模机动的职业部队进行的。

政府是专制的，由一个类似于世袭君主的皇帝领导。机构简化，一个精简的行政机关成为最重要的行政机构。最有效的帝国可能允许越来越多的地方权力。太多的中央集权窒息发展，并且引起怨恨和不满。 130

内部和平的发展和一个庞大自由贸易区的创建会极大地鼓励商业和工业。政府可能通过筑路、灌溉工程和其他"社会间接资本"工程支持这类发展。帝国内可能的高度专门化使帝国高效地生产各种各样的成品，因此帝国有可能增加与野蛮人和外国社团的贸易。但是帝国并不依靠这类贸易来提高福祉。区域一级的工业可能发展得最为有效。大制造商要么破产，要么全权委托给地方经营者。生活水平颇高，财富分配相对广泛。

帝国实质上是一个中产阶级社会。公务员、实业家、各类专家构成大部分的统治精英。学术和军方职业人员占了极小的一部分。有中产阶级下层和技术熟练的无产阶级。这些都不易区分或者不那么讲究阶级意识。不需要熟练技能的无产阶级可能定期就业，过着相当安定的生活。知识阶层是最微小又软弱无力的。总之，这是一个"可敬的"人的生活。

虽然条条大路通罗马，罗马也可能是个魅力四射的大都市和权力中心，但是可能有许多其他城市在城市化的乡村里具有独特的区域重要性。后者并不意味着树木和天空已消失，而是意味着生活在乡村的人们本质上以城市的方式看待事物，也更喜欢城市生活。通过在城市（公园、野生公地、野生动物保护区）保留乡村，去偏远地区度假（包括远离别墅或为度假而建的小屋的休假），人们不得不远离城市紧张生活的渴望得到更好的解决。

131 　　文明平定下来。人们普遍是物质主义者，但又极其关注"品味"。过于感情外露或炫耀是不礼貌的行为。人们重视礼仪、识大体、有节制。也有大量的顺从，尽管不顺从在特定区域被认为是合理的。在宗教和其他生活领域，仪式主义很强大，但情感却被抑制了。禁欲主义受到赞赏，悲恸使人尴尬。只要他人的活动没有威胁到文化，他们就得到一定的宽容。隐私受到尊重。人的普遍性被当作理想，但是为了人的普遍性而争吵是不礼貌的行为。文化可被形容为枯燥乏味、深奥隐晦或破旧陈腐，这取决于看待文化的角度。

　　哲学进入相对平静期。思想的综合得以实现，也有较新的假说。重点放在伦理学、行为标准和美好的生活上。宗教和政府重新统一，但是教会的作用是出现个人问题时提供支持，出现个人机遇时提供服务。宗教少数派被忽视或被饶有兴味地看待。教育更加倾向于职业教育，更加针对教育所处的文化，却不那么普及了。较高级的标准可能被忽略，最优秀的学者展现出知识的同化和组织的非凡能力。

　　艺术的某些形式似乎变得让人可以接受，似乎满足了良好品位的标准。这些可能是传统的，或者可能是现代的，只要它们不"标新立异"。政府常常把伦理规范、道德和品位强加于人，这些强加的东西被当作合乎规范的东西而接受。这不是一个创造性的时期：试图走出已被认可的标准的作家或画家会发现自己没有市场。

　　这个时期文明之外的关系变得平静。战争主要与二级调节有关。贸易有益且盈利，但规模不大，或者不是必需的。随着外围区域争相效仿，文明之外的思想趋于相似。异域文明会从帝国汲取思想，但是帝国的居民可能不善于接受思想过多地流出帝国范围。

这里描述的形式和思想的转变当然会随着特定文明的模式而变化。一种可能的变化是政治上转变为帝国会被延迟，或永远不会完成。有可能转型的国家体制的扩张力量一触即发，结果是由此形成的帝国过度膨胀，分解成几个可控的政治实体。这看上去像扩大的国家体制，但是每个政治实体的结构更像帝国的结构，而不像国家的结构，这些政治实体之间的冲突或多或少是个人层面的，而不是国家层面的。这样的体制可能相当脆弱。古希腊的体制或许是个例子。

帝国的政治分权也可以用作获得重组的方法，就像它在戴克里宪时代发挥的作用一样。正如汤因比指出的那样，帝国具有强烈的自我重组倾向，甚至是在外国统治者统治之下自我重组。帝国一旦建立，几乎很少恢复到国家体制，可能永远不会恢复到国家体制。如果帝国不能再发挥帝国体制的功能，就可能出现向封建体制的转化。

注释：

1. 温和的帝国

这里的模式不适合竞技场—野蛮人模式，后者有时与罗马帝国有联系。但是竞技场在那个帝国的一体化时期既不是中心或暴力，也不是"野蛮人"的野蛮。

2. 更多的动物园理论

帝国动物园与转型动物园有所不同。它们更多关注的是现实主义，而不是惊讶。它们试图把动物放在尽可能自然的环境中。动物减少了，它们可能成为不那么引人注目的种类。人们去转型动物园，希望得到教育和放松，而不是得到刺激。

七　这个模式行之有效吗？

在《文明的进化》一书荒诞离奇的开篇中，卡罗尔·奎格利回忆了他孩提时代寻找书中描述的类似六方棱柱形石英晶体的事。他很少找到，因为石英晶体几乎总是在挤压下发生转变。他总结道："百分之九十九的变形了，这个事实没有阻止科学家在脑海中形成一个未变形晶体的理想画面，或者没有阻止科学家在书中说明石英晶体以那种理想的形式出现。"

当我们转向文明时，我们甚至找不到百分之一，因为人们达成一致意见的例子不到十二个（见第一章，第六节）。它们是中国文明、日本文明、印度文明、美索不达米亚文明、伊斯兰文明、埃及文明、克里特文明、古典文明、拜占庭文明、西方文明、中美洲文明和安第斯文明。

现在确定的是这个模式没有描述这十二个文明中的任何一个。然而，如果这个模式是有效的，它应该从它的任何一个特定方面描述大部分文明。如果没有做到这一点，这个模式应被修改。以历史为背景检验该模式的各个方面需要更多的篇幅。所以我准备限定在检验该模式的一个最明显、最可验证的方面：政治形式。

这些文明中有几个确实存在从封建政治形式到帝国政治形式的转变。这个转变过程明明白白地作为一个单一序列仅见于一个文明：安第斯文明。在此，毋庸置疑，一个典型的河谷型封建体制转变成一个多样的国家体制，其中奇穆国和印加国是最大的。最后印加国成功地征服了其他国家，形成帝国。

在中国、日本、印度和埃及历史上，这个过程自我重复。封建商周时期逐渐转变成春秋战国时期的国家体制，然后转变成大汉帝国。早在大汉后期彻底陷落之前，封建时期就已确立无疑。在4世纪，这个封建时期再次呈现出国家体制的方方面面；在7世纪，大唐创建了第二个帝国时期。此后，中国历史变得反常，以帝国阶段为主导。

日本经历了相似的巩固过程，终于在平安时代成为统一的国家。在廉仓幕府统治下，统一的日本分裂为封建体制，之后封建模式和国家模式就难以理顺。但是德川幕府显然作为第二个帝国阶段脱颖而出。

印度历史更加分裂，印度河的封建时期并入长期的国家紧张状态，孔雀王朝代表了一次试图统一的失败，最后由笈多帝王们实现了统一。随后分裂为封建体制，像德里苏丹国和巴赫曼尼王国这样的大国兴起，在莫卧儿帝国的统治下再次统一。

埃及在古王国时期建立之前就经历了分裂时期。随后封建体制的复归持续到中王国时期。但是统一是在新王国统治下再次出现的。

印加帝国和莫卧儿帝国都是被外来者征服的：西班牙人和英国人。这种外来帝国的模式也适用于其他三个文明：美索不达米亚文明、拜占庭文明和中美洲文明。这三个文明显然经历了封建时期和国家时期。就美索不达米亚的情况而言，早期的城邦后来被更多的国家所取代。拜占庭的封建时期像汉朝后期的封建时期，因解体中的帝国而出现。但是这三个文明各自的帝国阶段都由外来征服者提供：波斯人、奥斯曼土耳其人和西班牙人。

就笔者所知，有关克里特文明的数据是不充分的。确实有一个封建时期，并且有独立的城市，但是它们与克诺塞斯的关系并不清楚。

古典文明有一个从希腊诸城邦到更大的希腊化诸国家，再到帝国的转型模式。但是在古典历史的早期阶段就已存在缺乏常见封建政治关系的自主农业模式。 135

西方文明具有清晰可辨的封建体制和国家体制，但没有帝国时期。然而，关于这个文明的数据仍不是非常全面的。

似乎这十二个文明中的八个已经历了至少一个从封建到国家到帝国形式的周期。其中的四个文明经历了第二个周期，尽管这个周期发生时，封建阶段和国家阶段往往混在一起。古典文明似乎没有封建体制，克里特文明和埃及文明可能没有国家体制，而伊斯兰国家、克里特（可能）和西方（到目前为止）没有帝国体制。实际上，这个模式与各个文明经历的政治形式之间的相关度似乎是相当高的。

构建这个模式时，我有意忽略了文明彼此接触时出现的难以应付的复杂情况。这个模式假定的前提是在没有外部影响的情况下发展的普遍自由。但文明实际上都在不断地彼此接触，常常妨碍或偏离，有时互相毁灭。此外，一个文明，即西方文明，似乎处在覆盖整个地球表面并取代一切已存在的文明的进程之中。

文明间的这种相互影响对这个假说做了多少修改？即使出现了一个改进的假说，这个假说在一个似乎要被浮士德式的人推翻的世界里有任何现实意义吗？在任何一个有关文明本质的假说被认为足当供品之前，必须考虑这些问题。

第六章

当文明之间冲突迭起

一 文明之间的联动

任何一种文明模式的内部连续性都会因为与其他文明的不期而遇陷入混乱。很难确定一种文明中哪些是自生的,哪些借自其他文明,或者它是否在某些阶段,较之其他文明更容易受到外部的影响。但是,无论这些遭遇对一个喜欢将自己的文明放在实验室工作台上的学者而言是多么的微不足道,它们都极大地增加了进行加工和重建的种种可能性。如果没有这些不期而遇,文明的形式可能会少得多,而且它们中的大部分可能不会得到充分的发展,即使不致僵化,因为新的主题性材料常常来自吸收外来思想和工艺的过程。

文明可以在多大程度上结合外部材料,这首先取决于材料的相关性,其次取决于该文明的接受能力,最后取决于材料呈现时的力度。

如果外来技术具有很强的相关性,它也许会被原封不动地照搬过来。但外来文明并不会由此使处于接受一方的文明发生很大的改变;它仅仅是提供了一种方便的氛围。如果没有这种氛围,也可能再造出类似的事物服务于同样的目的。正如克罗伯所指出的,因为有某种需要,很多工具在同一种文明的不同地区被反复多次地发明出来（《人类学》，第十一章，第445—473页）。

思想间的联动不可能这么容易发生，因为只有在产生了这种思想的语境中才能理解其内涵。但是，外来思想可能提供解决某个问题的密钥，因为出现该问题的文化中的各种思想也许相互制约和影响，从而无法解决该问题。外来思想于是可能打开通向新的推论的大门，但这些推论要在本土传统的语境中，用本土的方式产生，所以，最后，这些论断很可能与其源头大相径庭。在一种文明中发展起来的某种宗教——基督教和佛教就是明显的例子——可能在另一种文明中得到更好的接受，部分原因是它确是外来的，因为它带来某些沉溺于自身传统的文明无法产生的新鲜事物。

某种事物可能因为材料获取方面的原因而有所改变，但它一定仍然能够发挥某种作用，这原本就是借用它的目的。犁头可以靠人或马来拉，它可以是铁制的，也可以是木制的，但它必须能犁地。一个思想可能被完全颠倒。"众人皆平等"的意思可能是所有人都是自由的，或者所有人都是奴隶。但即便是技术，传播功能也比传播发挥功能的方式容易得多。传播耕作是一回事，传播耕作方式是另一回事。

一种文明在其转型阶段更容易接受外部材料，其时，制度和思想总体上都有待重新估定。但即使是在明晰化时期，也总有制度需要修正，而这类修正的办法可能来自他处。

当一种文明处于接受阶段，较之技术，对思想的接受可能更加主动。至于技术，如果是相关的，会更容易适应；如果毫不相关，便无任何意义。但思想则可以进行令人吃惊的改造：基督教先是满足了古典文明分化的需要，继而满足了西方文明改造的需要。

最重要的过渡期是形成时期，其结果是全"新的"封建文化的发展。在这些形成期，外来的侵袭可以塑造如文明本身一样长久的模式。后来的过渡期可能吸收有助于重构而非重塑某种文明的外来影响。从封建体制过渡到国家体制，或过渡到某种重构后的国家体制，一定会有很多模式保留下来。如果所有的重要模式都被摧毁——宗教的、社会的和经济的——这种文明很可能要颠覆封建主义，以某种新面貌重新开始。

只有汤因比强调过技术和思想的传播力度的重要性。将物理的力暂且放在一边，看起来似乎是处于接收一方的文明的状况比处于传播一方的文明的状况更重要。如果一种文明有其稳固的内部形象，如果其制度彼此运行良好，外来的技术和思想会被作为不相关的、劣等的事物而欣然容纳。满清王朝对西方国家不感兴趣；科贝尔无法说服他的法国同胞接受关注欧洲以外的世界的重要性。

苏维埃执掌政权推动了俄国研究，这提供了一个文明间互动的特别能说明问题的例子。俄国历史的研究者一致认为，无论俄罗斯本身是否代表一种文明，它从任何方面讲都源自一种非西方的文明。在俄国历史研究者（更不用说苏联政府研究者）中间有一个相当重要的共识，即西方的社会主义已经被改造成为一种俄国形式，它与独裁和正统的传统之间无任何嫌隙。俄罗斯文明当时动荡不定，使它接受了西方的思想和技术，然而，当这些思想和技术投入实践时已经被改造得没有了一点原来的影子。要理解苏联，研究马克思也许还不如研究对拜占庭宗教的接受和随后的蒙古入侵更相关——更早的外部入侵有助于塑造种种定型模式，而社会主义仅仅提供了一种重构的方式。因此，我们看到，俄罗斯文明采纳了相关的事物，但将其重塑以适应长期建立的模式，后者处于绝对的基础地位，要摧毁它们，只有摧毁其文明本身。

注释：

1. 文化与奶牛

尽管思想较之具体事物更容易发生变形，文明的模式有可能非常强大，以至于最寻常的事物也能以最引人注目的不同方式发挥作用。还有什么比奶牛更普通、更常见、更不易改变的吗？但欧洲人用奶牛来提供奶制品和肉。印度人视奶牛为神圣，喝牛奶，但不宰杀。中国人宰杀奶牛为其肉，但不用它们来提供任何奶制品。食用奶制品不包括在中国文化模式之内。他们就是不喜欢牛奶。

140

2. 斯宾格勒的相互排斥的文明

可怜的老斯宾格勒已经被阉割了，因为他矜持认为，每一种文明与其他文明都是截然分开的。实际上，他承认，形式可以转换，但坚持认为，它们只是在表面上被接受。"内涵是无法转移的"（《西方的没落》，二：原书第 57 页）。在某种意义上，一个人很难让他自己的想法被另一个人接受，即使后者身处同一文明中，与教师读他的名人录，作家读关于自己著作的评论时的情形一样。那么，一种文明的复杂性要传递给另一种文明，该是怎样的不可能。斯宾格勒是对的。

3. 需要产生发明吗？

是的。灌溉无论在哪里出现，其形式都大致相同。如果水流得过快，就会出现腐蚀。如果过慢，水便流不到庄稼那里。所以，只要通过灌溉来解决干燥问题，解决的办法便大致相同（维克多·冯·哈根，《印加人境界》，原书第 72 页）。但发明是不可避免的吗？不是。某个问题的解决办法可能永远都找不到。于是，如果该问题无足轻重，其文明便会容忍，就像它容忍饥馑、瘟疫和战争一样。如果该问题是关键性的，其文明本身将被摧毁或分崩离析。

4. 汤因比的文化辐射概念

有些作者，尤其是汤因比，声称，分化中的文明对政治和经济形式的传播较之美学和思想更早，也更有效。索罗金回应说，还不如说正相反，政治和经济技术落在思想的后面，为思想的接受铺平道路。我认为，在处于转型期的文明可能更具扩张性以及在扩张中处于引领地位的探险家和商人可能更有能力演示技术这一点上，汤因比是对的。但是，这在很大程度上取决于处于接受一方的文明的状况和模式，对此，罗列例子毫无意义（索罗金，《哲学》，原书第 299—305 页；汤因比，《研究》，第五卷：原书第 198—201 页）。

二　文明之间的冲突

141

如果一种文明被另一种文明征服，会怎样呢？如果是这样的话，处于接受一方的文明的状况也许无关紧要，它可能必须牺牲自身的模式，而接受那些外部强加的模式。如同意外死亡可能终止一个人的发展道路，一个文化也可能因为另一种物质上更强大的文化的突然出现而中断。西方文明对墨西哥和秘鲁等国家的影响就是突出的例子。

但是，杀死一种文化比杀死一个人难得多。一种生机勃勃的文化能够在被军事击溃，甚至表面的灭亡之后复原。奥斯曼帝国被帖木儿的军队彻底击垮，却在五十年内恢复所有的元气，并征服了曾经打败它的拜占庭帝国。它的军队出人意料地被歼灭，它的苏丹被装在铁笼里掳走，回过头看，这些似乎都不过是让人觉得有些心烦的打岔罢了。军事征服不足以颠覆一个充满生机活力的文化。为什么应该是这样的？有时始终在被征服一方。他们是在自己的国土上，生活在自己的习俗中。而征服者必须继续管理他们自己的母国，通常只能派出人数有限的监管者。这些人要么必定保持与自己母国的纽带关系，如此一来便不能对被征服人民施加充分的影响，要么全身心地投入被征服的土地，如此一来，他们所吸收的征服国文化则可能超过他们所施加的影响。

但是，如果征服者实行的是一种积极的文化压制政策，会怎 142

样呢？印加人常常将反叛者从他们的土地上迁移出去并重写他们的历史。在当代西方世界，我们已经看到将亚文化隔离开来，甚或将其抹去的企图。如果一种生气勃勃的文化的模式完全破裂，而且在很长一段时间内都处于破裂状态，它仍然不可能被消除吗？如果征服者控制了所有的被征服者，在七十年的时间里对他们进行再教育，结果是活着的人都不再记得从前的文化，并且在这段时间里毁掉所有的有文字记载的历史，一种文明模式无论曾经可能多么生机盎然，它依然不能被摧毁吗？

可能是吧。文化模式没有什么神秘可言，尽管它们充满生机活力，它们也可能被摧毁。受过教化的亚文化，甚至教化的民族事实上很多已经毁灭了，但文明作为一个整体是非常复杂的实体，一旦它们的模式得到确立，它们实际上就是不可摧毁的。迄今为止，尚无一种处于此种状态下的文明被另一种文明摧毁的例子。如果一种文明已经被摧毁，其模式已经处于分崩离析的状态，如美洲文明的情形，否则的话，它便正处在形成当中，汤因比称那些文明为"发育不全的"。

斯宾格勒一直将用一种已经发展起来的文明压制一种正在崭露头角的文明称为"假晶现象"。因为一种巨大的、强有力的文明已经存在，并且占据了一部分可以用其他方式进行扩张的领土，处于早期阶段的文明被扭曲，被迫遵从各种异常的模式。被压制的文明在形式和思想的发展两方面均受到挤压。它甚至可能被它强大的邻居所侵占，但它依然会不懈地寻求适合自己发展阶段的形式，或者改造压在它头顶的文化的某些特征。斯宾格勒从中东辨别出这样一种文明并称为"祆教"文化。没有人同意他的这一观点，但这可能是因为中东一直受到苏美里文明、古典文明、伊斯兰文明和西方文明的扭曲，结果是很难确定一直占据这一地区的各种文化的源头。因为难于在该地区辨识出一种脉络清晰的文明，似乎它长久以来便是一个受过教化的人民生活的地区。

现在，浮士德式的运输和通信已经揭开所有可能的发展地 143
区，假晶现象或许会变得更加普遍。如果新的文明即将出现，它
们极有可能在一个被其他文明占据的地区得到全面的发展。打个
比方，形成了一种世界状态——其怠惰的性质一般情况下与帝国
并生。或许会有一种新文化，拥有文明早期阶段的所有特征——
固守仪式的宗教、史诗、封建主义，等等——在旧文化的地界内
发展起来。中央政府可能将其解释为反叛，或者历史学家可能将
其作为重构的证据。但是在一段时间之后，一种与旧帝国没有任
何关系的新文明出现了。如果它没有受到日薄西山的文明的压
制，它迟早会发展到一种地步，由此成为伴随有大量冲突的美学
和学术更新的中心，也成为独立的政治中心。

先前，如汤因比所指出的（《历史研究》，第三卷：原书第
365—377页），文明可能在与其他文明相互隔离的状态中发展起
来。唯一合理的逻辑是，一旦产生了最初的动力，最佳的发展机
会便出现于遥远得无人关注的地区。如果文明确实是在隔绝状态
中发展起来的，它们便很容易辨识和追踪。不过，情况可能是，
未来的文明更多地受到现有文明的影响，会像中东一样陷入混
乱，因此更难归类。中东模式或许只代表了即将出现的诸多文明
的一种原型，而且也许不再难以理解，只要我们有其他与之相当
的例子。

很显然，文明间的冲突这一现象给比较历史学家带来了问
题，但它们并不影响对个别文明的研究和比较。一种文化越是复
杂，它便越有可能保存自己的形式，尽管有来自外部的影响。需
要借助某种巨大的外部力量，才能打乱或终止某种文明的发展。
尽管有传播，尽管有征服，尽管有假晶现象，文明仍然会保持自
己的个性。它们吸收什么更多地取决于它们是什么，而不是呈现
给它们什么。一般而言，征服不能摧毁一种充满生机活力的文

明。而一种根基稳固的文明可能在一种新近正在发展的文明中占据很重的分量，尽管如此，两者却是难解难分。

144

注释：

1. 秘鲁文明被湮没了吗？

美洲文明被西班牙人"摧毁"是关于不期而至的外部力量突然造成发展终止最常被引用的例子。

但是，打败印加人是一回事；抹掉他们掌管的文明是另一回事。朱利安·斯图尔特认为，秘鲁文化在从印加统治向西班牙统治的过渡中没有发生实质意义上的改变。西班牙人保留了土著的酋长，乡村活动也没有受到干扰。双方统治者的官僚体制都要求进贡物品，提供服务，尽管西班牙人对黄金更感兴趣。但是，用于家庭消费的物品没有太大的变化。各群体先接受了印加人的太阳神，然后是西班牙人基督教的上帝，他们原先的诸神、祭仪和仪式没有受到任何一个帝国的统治者的干涉（《文化变化理论》，原书第59页）。从这个视角看秘鲁的例子，它远非一种畸形的文明，看起来更像是帝国系统改变其统治者的诸多例子之一。

2. 文明会"再次崛起"吗？

汤因比认为是的。他相信，如果诸种文明因为"外来的征服者而夭折"，它们能够"归于地下，在长达几个世纪的时间里不停地震荡"，并且在它们跌倒的地方重新站起来（《历史研究》，第七卷：原书第78页）。因此，某种中东文明在千年之后重新断言自己是波斯帝国的伊斯兰后裔，该帝国在获此称号的若干世纪中一直没有得到承认。一个阿拉伯社会在19世纪将自行同其"姊妹"伊朗社会区分开来，那已经是奥斯曼帝国统治三百年之后了。墨西哥文化和秘鲁文化被西方一笔勾销，它们可能在现在的某一天突然猛扑向南美的军阀和元首（《历史研究》，第八卷：原书第465页；第四卷：原书第113—114页）。

汤因比是一个很有魅力的人，也是一个快乐的作者。其他还有谁做过这样的检验？你能否只是想象一下萨默维尔在鸡尾酒会上试图为这些学说辩护呢？

但是，任何文明的文化，如果它有着强烈的历史感和内在活力，它就能够使自己传播若干代，尽管失去了实质意义上的领土。南、北极的历史在过去的两百年里对此做出了充分的证明。而犹太文化的留存恐怕不比汤因比预想到的任何时间逊色。

3. 保存与发展

是否一种文明从外部强加的灾难中复苏真的是在继续其发展，或者是否经验已经迫使它将自己包裹在一块由习俗做成的蛋糕中，提出这类问题非常重要。汤因比做出了清楚的区分（《历史研究》，节略本，第一卷：原书第 111 页）：

> 当法国人修复了兰斯天主教堂破碎的外壳，他们真的是虔诚地将每一块碎石、每一尊毁损的塑像复原。当雅典人发现赫卡托巴恩神庙（Hekatompedon）被烧成废墟，他们保持了神庙的地基，继续在新的地点修建巴台农神庙。

145

波兰人恢复华沙的巴洛克风貌看上去像是做了一次文化的装裹；比较英国的考文垂天主教堂，它具有高度的自觉意识和艺术的/象征性的含义。波兰作家后来的行为却似乎意味着也许古老的结构必须作为一种象征加以恢复，但发展却可以由此继续。

三　冲突的缘由

146

文明间何以会产生冲突？有一大堆理论可供选择来试着回答这一问题。是否如斯宾格勒所认为的那样，因为完全不同的文化中的人们之间有着潜在的敌意？或者如索罗金所声称的，这种敌意只有在相邻文明的中心文化根本无法兼容时才会出现？或者是因为发展阶段的差异？尼古拉·丹尼列夫斯基和弗林德斯·皮特里相信是这样的，今天，谢柏德·克拉夫和卡罗尔·奎格利依然持此观点。或者如昆西·赖特所强调的，仅仅是一个技术差别问题？或者我们是否像汤因比那样考察促成文明扩张的内在原因？

欧洲人去印度和中国，他们更多的是进行贸易，而非打仗，或者即使他们有争斗，那也是为了保护和发展他们的贸易。但是，欧洲人去墨西哥和秘鲁，就是打仗，然后征服。如果他们对阿芝台克人有敌意，为什么对中国人没有敌意？我认为，欧洲人并未停止他们对异邦文明价值的探寻。但他们确实相信自己可以征服美洲人，但征服不了亚洲人。技术因素显然是重要的。如果一种文明与另一种文明不期而遇，如果某种文明在技术上更加先进，轻易征服的诱惑就会非常强烈。如果根本没有征服的可能性，便很可能发展一种贸易关系，因为每一种文明都可能拥有其他文明用其他方法无法获得的产品。在早期欧洲人与远东的接触中，这一点是不容置疑的。当文明间发生接触，并建立起一种权力关系，它们对彼此的态度便与同一文明中的主权国家彼此之间的态度没有太大差别。

文明之间潜在的敌意如果存在，那也许是源于对未知事物的恐惧。价值观上的差异可能催生一种分隔意识，由此框定一个可能的攻击对象。文明之间的差异可能大于同一文明中不同国家之间的差异，尤其是在各文明独自发展，却突然迎头撞在一起的情况下，更是如此。西方文明在撒拉逊和奥斯曼时代都对自己强烈感觉到的伊斯兰威胁做出回应。彼此为敌的欧洲人经常联手应对这一威胁。

然而，较之来自其他文明的威胁，内部的威胁通常更加紧迫。在同查理一世的政治斗争中，弗拉西斯一世毫不犹豫地与土耳其人结成同盟，而当时，奥斯曼人对欧洲的威胁已经到了无以复加的程度，威胁到维也纳本身的各个门户。但是，伟大的苏里曼一世是查理一世的敌人，弗兰西斯也是查理一世的敌人，在国际政治中，与你的邻居的邻居结成同盟再平常不过了。奥斯曼人对于 16 世纪欧洲的威胁，或俄国人对 20 世纪欧洲的威胁根本比不上，或者不如拿破仑统治下的法国或希特勒统治下的德国。苏里曼或斯大林也许想用布达佩斯作自己的军事前哨，但欧洲的那两位却控制了巴黎或柏林，使之成为他们的指挥中心。

如果文明与另一种文明在不同的发展阶段迎头相撞，会发生什么情况？处于扩张和发展中的年轻文明很有可能战胜较为古老的、处于分化中的文明，尤其是如果较为古老的文明已经积累了大量的财富，而年轻的文明已经拥有了充分发展的技术，便更是如此。但是，技术的发展部分取决于一种文明的特殊意向，部分取决于它与邻邦的接触。如果这种接触是逐渐展开的，成长中的文明会将自己的技术提升到较为古老的文明所达到的程度，或许更愿意应用它们。但如果双方的碰面是突然间出现的，如果较为古老的文明拥有更加先进强大的技术，它可能因为威胁而重新振作起来，准备征服对方。这样的征服是否能够维持下去取决于其攻击是否加速了这个较为古老的文明进行一次大的重构，也取决于较年轻文明的模式及发展所具有的活力。

所有冲突的产生并非因为文明之间的关系。有些也许应归因 148 于某种文明的内在模式或发展状况。或许是因为该文明有一种内置的军事主义模式。但此种文明很有可能在漫长的战争中耗尽其能量，在文明间的冲突中不会维持太久。巴比伦文明在其亚述时期的情况即是这种情形。

其国家处于发展阶段的文明很有可能打上诸多内部战争的特

征。这类战争并不能磨灭参与国的活力，而且或许有足够的精力去关注不在其体制之内的文明中的国家。该系统中的各个国家无比自信，相信它们的能力和它们的先进。无论在何处发现权力的真空，它们都可能进行扩张。

我认为，汤因比将地理扩张同分裂联系起来无疑是正确的。深陷各种麻烦之中的国家很可能寻求对外实行征服，以此取代对内部问题的调节。不在乎明晰化体制边界的伟大征服者很可能出现在这一时期。一旦重构或向帝国的过渡受到影响，这类的扩张倾向便可能消亡。

注释：

标志着分化的扩张

汤因比受到索罗金和克里斯托弗·道森的质疑，后者声称文明的扩张标志着分化的发生。他们指出，我认为非常恰当，扩张也发生在这样的时期，某种文明中的国家充满活力、创造力，他们处于成长阶段，"健康有力"。克罗伯补充道，武力扩张也许实际上造成了文明的衰落（索罗金，《动态》，节略本，原书第565—568页；道森，《世界历史的动态》，原书第416—417页，原书第59—60页；克罗伯，《文化成长的诸形态》，原书第691页）。但是，即使这些批评都很有道理，即使扩张未必标志着分化，汤因比仍然是对的，他看到了分化是扩张的原因。成型模式的分裂为军事及其他可能发生的扩张提供了条件。

四　野蛮人的威胁

149　　每个文明都把野蛮人的概念应用到周围的民族。这意味着什么呢？

野蛮人的概念自然源自文明的国家。文明之外的人被人轻视，或者充其量也不过得到赞助。他自己默认这种认为他劣等的评判，或者为战胜这种评判而斗争。正是他对自身处境的感受使他成为野蛮人。如果他关心文明，或者他把文明只当作另一个异域文化，他可能是原始人。

野蛮人的出现表示文明的解体吗？或者野蛮人要不顾文明发展的过程发展下去吗？要回答上述问题，我们必须要问文明与野蛮人之间的关系发生了什么变化。早期我们看到文明击垮了诸原始文化。汤因比认为野蛮人"被魔力控制了"，这个观点很难让人苟同。但野蛮人受到强有力的统治。这种统治可能是专横剥削的，或者可能是仁爱负责的。最可能的是二者兼而有之。但是文明的成员们对自身的优越性毫不质疑，对他们把野蛮人和自己文明内的其他成员差别对待的权利也毫不置疑：太守正确地统治印度人；拓荒者正确地射杀他们。

随着文明与野蛮人之间关系的发展，这种关系自然会发生变 150
化。野蛮人开始熟悉该文明。一些野蛮人在该文明中受教育，或者通过在该文明的军队或殖民政府中服务开始熟悉其制度。那些最敏锐的、与该文明接触最多的人变得不满。他们渴望得到文明的益处，而他们永远不被文明接受。但是他们已发生极大转变，他们不能再接受自己的现有文化。19 世纪，人们创造了一个词来形容这些不幸的中间人：知识阶层。哪里有野蛮人，哪里就有知识分子。

野蛮知识阶层和内部知识阶层之间也有相似之处：如果一个亚文化/阶级的成员认为另一个亚文化/阶级的成员不那么"文明"，如果另外一个亚文化/阶级的成员承认存在差异，那么两个阶层都会出现。18 世纪法国的中产阶级或 20 世纪美国的黑人可被视为内部知识阶层，到目前为止，他们都在尝试用既定的政治经济技术来获得平等。内部知识阶层也可能被其自身文明中的另一级文化控制，却发现它不能将其解释给它原来认同的人们。

然后很有可能它会为此被疏远。

正是知识阶层的成员们在文明内部以及文明与原始文化之间产生变化。如克兰·布林顿所说，知识阶层构成了一个文化的白血球。一个总是存在的。但若过大、过于活跃，该文化不中断的话就不能再保有它。

最终文明开始失去对野蛮人的控制。野蛮人热切地希望能安排自身命运，摆脱文明（但不是摆脱其思想），结果该文明尽管决心很大，却不能再统治。即使文明在战场上使用精良武器和更强大的武力，也不能挫败或有效对抗机动的野蛮人部队，似乎公开冲突一来临，野蛮人部队就消失不见了。野蛮人迟早变得强大，足以赢得独立，或者该文明的领袖们被那些对他们来说更关键的问题所困扰，他们不愿意继续把必要的努力无限地用在维持软弱无力的管理上。

151　　赋予野蛮人胜利的因素之一是野蛮人的"狂热"。这个词当然是文明社会采用的，意思是野蛮人愿意走极端，而文明人认为这是不理性的。这个词指的是野蛮人愿意为文明人认为不值得牺牲的价值观而死。这种狂热与我所说的衍生民族主义之间的关系非常紧密：怀着衍生民族主义，野蛮人为了从文明那里学到的一个思想而斗争。野蛮人希望控制的领土可能是文明界定的。文明社会为管理便宜而建的一系列随意的边界线成为野蛮人为之付出生命的神圣领土。野蛮人为之斗争的任何东西可能都已由其首领们和知识阶层的成员们发展并解释了，这些人已从他们反对的文明那里学到了他们的思想。

野蛮人的出现本身没有太多地说明文明发展的阶段。野蛮人可能从文明刚刚开始地域扩张的时候就登上舞台。解体的一个更可靠的标志可能是野蛮人的胜利。野蛮人的胜利可能是文明丧失意志力的一个标志。狂热的概念本身表示一种态度的互补发展，这种态度类似于对解体中的国家体制的世界性厌倦。但是政治独立发生的方式在此可能很重要。汤因比说到一个成长的文明是"有魅力的"。那么，如果寻求政治独立的野蛮人友好地获得这项独立，如果文明政府与野蛮人保持经济文化关系，这个魅力元素依然存在。野蛮人是自由的，但是野蛮人选择与文明仍然保持关系。因此，文明可能成功地修正殖民制度，以满足不断变化的条件。

但是野蛮人并不总是满足于从文明获得独立。他们也常常征服并推翻文明，这种混合情况有时带来一个新的增长阶段。在这个意义上，野蛮人类似于文明自身的外围区域。二者都向文明学习；二者都更加自由地扩张；二者都趋向于主宰母亲文化。但若二者都存在，外围大国可能会处于主导地位。它比核心大国更具活力，比野蛮人拥有更尖端的技术。那么外围区域可能接替中心文明来统治或控制野蛮民族。如果野蛮人的怨恨针对的是中心区域的殖民主义者，关系可能发展得相当顺利，一些魅力也可能恢复。

野蛮人常常证明是无能的统治者。使人成为优秀革命者的品 152 质不一定使人成为优秀的管理者。野蛮人必定在没有战败文明强加限制的情况下统治，在没有控制性习俗的情况下统治，这些控制性习俗曾使野蛮人的文化在原始水平上有效运行。野蛮人首领们过着流动性生活，相对不受权力限制，缺乏区域性依附之情，习惯于擅用任何所需之物，他们没有受到训练来维持这样一个文明：该文明要求尊重权力、乡土观念、接受以不同数目、处境和关系概念为基础的法典。知识阶层会接受一些有关管理技术的教育，但是没有足够隶属于他们的干部来管理一个现代政府，更不用说改变经济了。战胜了曾因一切罪恶而受谴责的大国引发了过多期望，这些期望加剧了知识阶层的困难。当首领们没有满足这些期望时，他们可能被一个更不负责任、更无能的领导层推翻并取而代之。这样的文化不可能在原始水平之外长久存在，除非它们得到来自文明的外部支持。这个文明不可能来自衰落中的中心文明，但若外围大国担起领导古老中心区域的任务，这个文明可能来自衰落中的中心文明。如果野蛮人接受这种支持，他面临着可能在新的异域势力影响下垮台的威胁；如果他不接受这种支持，他面临着革命、分裂和回归原始体制的可能性；这就是野蛮人的两难困境。

野蛮人与西方历史的关系是显而易见的。今天苏联和美国是欧洲文明的外围地区；以前受殖民大国控制的"不发达"国家是逐渐消失的野蛮人。他们独立实现发展的能力有时遭到质疑，因为有诸多巨大的困难：筹集资金、调整彼此相关的生产因素的发展、控制人口增长、发展适合处理经济问题的政治技术，包括使政府能够阻止当前生产以便创造资本服务后代的技术。

153　　从短期看，未来属于外围国家，由于工业革命与汤因比的外围主导法则相结合，外围国家的资本发展已形成。从长期看，未来可能属于野蛮人，因为有朝一日，西方文明可能成为核心区。就像意大利和欧洲之前是核心区一样；到那时，一些野蛮人地区可能一跃成为世界文明的文明化外围区。但这有一个假定的前提：西方文明的影响不会刺激具有独立性格的新文明产生，或者不会使一个或更多的亚洲古老文明复兴。这也以野蛮人既不被其他文明吸收也不恢复到原始文化水平为前提。

注释：

1. 文明内的野蛮人

文明内的人们有时行事"野蛮"，如纳粹，这与野蛮人的存在毫无关系。虽然汪达尔人或印第安人可能以令文明人不悦的方式行事，但是他们的"野蛮"行为绝不是他们的专利。野蛮人常会仁慈高贵，就像文明人常会残忍粗鲁一样。

2. 野蛮人对技术的学习

说到野蛮人，汤因比似乎正确地提出政治技术先于思想和美学。但这不是因为该文明投射机制的缺陷，而是因为军事技术和政治技术与野蛮人的问题最相关。然而即使在这一点上，我们也必须采用该文明的思想和态度，以便形成一个用新学习的技术来防御的理由。

3. 什么时候游牧民族不出现

如果你生活在一个被"野蛮的游牧民族"（无论是外围的还是原始的）蹂躏的文明中，你可能希望自己生活在别处。但是如奎格利指出的那样，如果一个解体中的文明如此遥远，以致未受攻击，它的衰落可能是长期而又沉寂的，重构的希望非常渺茫（《文明的进化》，第91页）。

资料源

1. 文明之间的传播

154

斯宾格勒，"文化的不可转移性"，《西方的没落》，第二卷：第55—60页；汤因比，"辐射与接收的过程"，《历史研究》，第八卷：第481—521页；索罗金，"传播与可传递性"，《危机时代的社会哲学》，第299—305页；"文化之间的契合"，《社会、文化与人格》，第573—578页；克罗伯，传播与对传播的抵抗，《人类学》，第411—418页。

2. 文明之间的冲突

汤因比，"冲突的戏剧"，《研究》，第八卷：第454—480页；"冲突的后果"，第八卷：第522—629页；奎格利，"诸文明的破坏"，《文明的进化》，第91—92页；尼古拉·丹尼列夫斯基，"为什么欧洲恨俄国"，索罗金评述，《社会哲学》，第69—71页；昆西·赖特肯定探讨了《战争研究》一书的主题，但我恐怕没能找到。

3. 野蛮人的威胁

汤因比，"英雄时代"，《研究》，第八卷：第1—77页；《魅力辐射与武力辐射》，第五卷：第198—203页；沃尔特·韦布的《大边疆》探讨了过去五个世纪诸文明与野蛮人之间的冲突。

第七章

终止所有文明的文明

一 西方文明独一无二吗？

如果文明之间的冲突混淆了个别模式的踪迹，对于西方文明史无前例的扩张，我们应该说些什么？始于 15 世纪的伟大探险，以及随之而来的运输与通信领域的巨大进步所带来的结果是，在这类研究起步之时，将个别文化孤立起来加以理解的努力便告无效，这件事情是可信的吗？各文明之间随之增多的接触是否可能激发了比较历史研究，就如同它当时正在使这类研究趋于没落一样？关于埃及和美索不达米亚的对比归纳真的与当代有什么关联吗？

我知道这里牵扯两个基本问题。首先，西方文明是一个新的种类吗？它自成一体，与其他曾经存在过的文明截然不同吗？其次，它在世界范围内的扩张是否威胁（或预示着）要终止所有其他文明发展的可能性？不是要吊你的胃口，我对这两个问题做出否定的回答。

很明显，西方文明极大地不同于其他任何文明。根据它对各种限制的破除，根据它为其自身，也为整个世界带来的毁灭危险，根据它的变化速度和技术发展规模，根据它所汇聚的知识，西方文明已经将其他所有文明远远甩在后面。在统计意义上，即使其他所有的文明加起来，西方文明也令其在各个方面相形见绌。

156　　不过，任何一种其他文明对那些生活其间的人来说，似乎都是独一无二的，这一点也同样清晰可见，而且的确应该没有太大疑问的是，每一种文明确实都独一无二。相似之处的存在是因为距离的缘故，而且通常有所改动。就形式而言，西方文明似乎非常正统。它的封建时期时间界限非常清楚，而且它拥有正统的国家制度。它产生了大多数常见的艺术、哲学以及宗教形式。或许是它看上去比平常的正统更有内涵，因为它的图画一直由它自己的代表性画家所绘制，而其他文明则不得不做出某种调整，以适应西方的模式。但是，即便允许这种歪曲的视角出现错误，从其大致轮廓来看，西方文明并没有显得不同寻常。

　　的确显得不同寻常的是那些外观的发展程度。那种驱使着具有浮士德精神的人干劲十足地做事并在喧哗和忙乱中使他们抵达远方的品质（或者也许是缺乏某种品质）——无论这种品质是这个世界上的一种全新品质，还是它仅仅将西方人同古典的人区分开来，它都无疑对这一发展的程度造成了巨大的差异。这一品质，加上科学技术的趋势，已经使这个人的生活标准达到了令人难以置信的地步，使得他提供条件，鼓励全世界对其进行复制，使得他造出足以摧毁各种生活类型和降低生活水平的武器，他的和其他所有人的。他可以自由地考察其他文明，所以西方人一直有特殊的机会从其他人的劳动中获益。的确，有人说，西方人较之其他所有人的优越，不仅在于他积累的知识，而且在于他对道德责任的理解。

　　将这样一种文明与我们能够找到的赫梯人遗址相比较有什么意义呢？

157　　答案取决于你关注的是形成，还是形成后产生的结果；是结构，还是结构的发展。这是一个程度问题，西方文明的结构在多大程度上是其自身特殊性质的结果，这个性质使它看起来与众不同。斯宾格勒将探究未知事物的浮士德倾向追溯至哥特式教堂，它本身并不是使得西方人如此不同的倾向。在其现代早期，我们并未发现西方人与古典时代的人无法进行比较。是因为这种浮士德的性格特征被运用到机器动力上，才引发了西方人的蜕变。但是，在这一蜕变当中，是什么赋予了西方人一种特殊的等级？一种文明可能比另一种无限地博大，它可能拥有更为复杂的组织，更为高强的速度，更为稠密的人口。但这些因素并不能衡量出它的基本品质。或许除了具有浮士德精神的人，没有人会有如此的想法。数量永远无法摆脱科学想象的掌控，否则，制造俄国地图或局部星系模型就是愚蠢之极。

任何文明在世俗化过程中都期望实现技术的改进和细化。尽管其他模式会有波动，技术却在不断改进。某种科学思想的模式可能在自己的道路上走到尽头，但由它创造出的技术却保留下来，而且得到改进和完善。很明显，技术是衍生性的，它不能作为评价的主要标准。西方的技术比其他任何技术都更精细，更专业，使用范围更大，且更完善，这只是巧合。尽管如此，它仍然只是技术。

那么，西方人与一直居住在这个地球上的其他人没有什么特别的不同。他的不同在于他有空间和技术概念，但在发展方式上与其他人类似，也受制于影响所有文明人的一般规律。

注释：

1. 自传的危险

一方面，比较历史学家似乎很难正确地看待自己的文明。因为他们的写作正是对它的回应，他们造成的印象是他们确实在谈论自己的文化和自己的时代，期望从他人那里获得支持，而恰好得到了支持。

另一方面，汤因比在讨论西方时总是遮遮掩掩。他是否应该将它置于这样一个基础上，即它尚未得到发展，所以一切的判断肯定都是假说？我们现在所说的难道就不会在为了下一个文明而对其进行解码的那些人眼里显得愚蠢，但却是一家之言吗？

最后，他自然是对它进行了讨论——连篇累牍。因为，不管喜欢与否，西方文明恰好是我们生活其间的一种文明。作者可能是从比较研究中得出了他的理论，但他只能不计后果地将它们用于自己的文化。他可能看起来很愚蠢，或者他所说的可能被脱离语境地用于他不能容忍的事业。对此，他无计可施，只有让自己的脸皮变得更厚。如果他选择不介入这一领域，不把他的理解用于当今世界，其他更不合格的人就会替他操刀。

158

2. 西方的观点

作为一种观察，西方似乎一样平凡无奇。西方人生活其间的文化遵循的是一种平常的发展模式，它碰巧在其模式内部将极为强调经验性隔离。一个生活在第五王朝时期的埃及的比较历史学家，如果他认为自己因为发现了其他文明中的某种模式而能够预言埃及的未来，他很可能走得太偏了。

然而，实际上，正是弗林德斯·皮特里这位埃及学家提出了文明的第一个现代理论，他的基础确实是埃及历史。不仅如此，他是在仅仅一百来页的篇幅内提出并呈现了他的理论。后来的比较历史学家较之皮特里，已经有了更为坚实的基础和更为广阔的呼吸空间。

3. 新世界人与具有浮士德精神的人

有些作家，如刘易斯·芒福德和卡尔·雅斯贝司（《人类的转变》与《历史的起源和目标》）认为，5 世纪前后，在某个地方，人类发生了一次转变，成为不同于所有先前时期的文明人的人。芒福德称为新世界人，比之旧世界人的行为，新世界人更加无拘无束，更注重物质，更崇尚平等。

芒福德在新世界人身上看到的这些品质与斯宾格勒认为属于具有浮士德精神的人的品质非常相像。因此，芒福德和斯宾格勒都看到了一个完全不同的人，完全不同于所有曾经生存过的人——正如所有其他的人一直都是截然不同一样。斯宾格勒，这个比较历史中所谓的野蛮人，一直试图在所有文化的比较与特殊性之间保持平衡，我认为这正是他的美德。

坚持认为一个新人存在于所有的环境当中，或者坚持认为我们文化中的人与其他文化中的人没有丝毫不同——都同样具有局限性。每个概念在特殊的情境中都能用得上，而且这些运用彼此并不排斥。

4. 技术能代替创造力吗？

不能。随着技术愈加细化，专业化变得更加必不可少，人们可能更没有时间来发展全面的能力。在这一点上，技术导致人们丧失锻炼想象力的机会，因此阻碍了新的创造性局面的形成。不过，新的创造力从先进的技术当中喷涌而出，甚至这些技术激发了新的创造力，这种可能性始终存在。

5. 胳膊就是胳膊

159

西方文明可能已经发展到了一种荒谬的程度，在它面前，所有其他文明似乎都微不足道，毫无意义，但是：

在某一点上，爱丽丝庞大起来，占满了白兔的房子，她必须把胳膊伸出去，房子才装得下她。于是就有了下面这段兔子和她的园丁在外面的对话：

"帕特，告诉我，窗户上的那是什么？"

"啊，那是只胳膊，老爷！"

"胳膊，你这个傻瓜！谁见过那么大的胳膊？它简直把整扇窗户都填满了！"

"没错，是那样的，老爷，但它仍然只是一只胳膊。"

二　文明没落了吗？

即使承认西方文明本身同其他文明不相上下，它的发展逻辑将对其他文明的未来造成什么样的影响？它的本质和规模可能使它终结这个由多种文明组成的世界，对这种可能性的设想包括：西方技术可能演变为一场毁灭性的战争，之后不会有任何文明再次显现；西方的扩张可能吞没整个世界，没有哪种正在进化的文明可能再有足够的自由来培育其自身；西方的技术可能被全世界采用，之后，因为它的诸多弱点（专业化和独立性）而发生灾难性的崩溃，没有哪种文化将再次处于农业文明的水平之上；西方的技术可能有效地解决迄今为止阻碍其他文明发展的问题，结果是将出现一个永久性的自我更新的世界文明，而所有其他的文明——希腊的、欧洲的、中国的——回过头来就好像一直是一幅杰出画作的原初草图。

如果这些可能性中的任何一个，悲惨可怕或是充满希望，成为现实，这本书都会成为 6000 年这一瞬间的讣告。够了。所有的讣告都应该写下来。但我认为，这些可能性都不可能成为现实。

战争技术，与其他技术一样，通常会持续改进，文明当中其他模式的波动对它而言无足轻重。如果一个国家体系处于过渡阶段，国家可能非常不安全，于是更倾向于将资源分配来发展军事。因此，较之其他任何事务，更多的资源被投入到战争技术的研发上，而正是对战争技术的研究促成了其他领域的发展。战争从衍生性事物蜕变为技术发展中的主导因素。

现在，战争对于文明而言不一定具有毁灭性。它可以用来摧毁抑制发展的制度，它可以激发活力，创造新的经济市场，使民族统一，使动机纯洁，造就英雄，为文学艺术提供题材。如果文明作为一个整体其规模和复杂性日益提高，战争的增加甚至能持续产生刺激性作用。但是，很多文明已经认识到一点，即如此重视战争已经开始对文化的组织结构产生破坏性的影响，开始导致文明的分化，开始接受某个帝国的欺骗，不惜任何代价，借助任何势力，只要能实现这一目标。

一种文明越是庞大和复杂，它越能消化更大规模的战争，但同时，它制造更大规模战争的能力也就越大。第二次世界大战是一场巨型战争，几亿人在这场战争中失去生命。但它的确也激发了无数活力，创造了新的经济市场，实现了民族统一，成就了大批事业，提供了鲜活的题材。第三次世界大战看样子是一场分配协调的战争，将会对西方文明产生分化作用。

如果这样一场战争可以受到相对制约，它可能会产生对战争的极大厌恶，这样，在任何一个仍具备意愿和力量将战争强加于人的大国的统治之下，帝国都会被接受。政府可能仅仅是一个被授权的机构，谁控制它都无关紧要，幸存者可能面对各种迫在眉睫的要命问题，已经顾不上考虑主义了。

如果这样一场战争波及的范围更广大，它可能迫使人们想尽办法生存下来，无论在什么地方。人们或许不得不依靠自己的双手来糊口，他们已经习惯的技术帮不了他们的忙。封建地区将重新出现，因为会有足够的知识保留下来，以避免倒退回原始主义。如果第三次世界大战以这种方式摧毁了西方文明，那么，就有必要在某个对比图表上加上一个脚注，说明这个特殊的实体由于在其技术模式方面的偏差，所以只有封建时期和民族时期，但没有帝国体制。

较之猛烈的破坏所带来的威胁，某些事物的威胁似乎比较温 162
和。但比较历史学家一直在关注全球化的影响。是否西方人的技术和方法应被全世界所采纳？西方人的产品自然是瞬间便吸引了人们的注意力，而且他在向世界其他地区提供其生活方式时并非始终抱着一种谦逊诚恳的态度，一贯如此。他的方式承诺带来更大的舒适和更多的消闲使其一直充满诱惑。其他文明中竭力保护其自身传统的领导人一次次地被换成决心推行西方方法的知识精英。浮士德式运输与交通上的发展加快了这些技术的传播。（它同时也提供了一种比例感，尽管扩张后的西方地域辽阔，若论可以抵达的疆域，它比罗马帝国小得多。）

　　但是，如果这些技术确实自身具有一种西方风范，而且西方文明确实成为一种世界文明，当这种文明失去其发展势头，这是迟早的事，又会发生什么？一定会有这样一个时刻，刘易斯·芒福德说，"此时，所有未知的土地都被开发，所有的可耕地都得到耕种，甚至最大的城市都必须停止扩建，因为它已经在一种无形的聚合中与其他大城市融合在一起……"（《人类的转变》，第116页）。"然后呢？"克罗伯发问道。如果"没有一种新文化承担起责任，并且以新的价值观重新开始……——然后呢？"（《人类学》，第385页）

　　我们自然无从知晓。但是，世界不可能堕落成为一个牢不可破的无意义模式。未来的文明不可能全部因为一个逐渐崩溃的西方巨人的致命纠缠而窒息。

163　　　所有的文明最终都将突破自身的发展潜力，这意味着将不可避免地失去对某些地区的控制，而且有可能发展出将假晶现象降到最低的新文明。西方扩张的深度很有争议。不是摧毁其他文明，相反地，它也可能激活那些文明，或者引导出反文化的驱动力，导致全新文明的产生。如果这些文明都拥有机器动力技术，它们彼此可能会有相似之处，作为一个群体，或许与前几千年的农业文明截然不同。但它们仍然会有它们自己的审美模式，有它们自己的思想和态度。现今世界上首都城市所表现出的千市一面的相似性反映了西方发展阶段、西方通信与西方—野蛮人之类关系的结合。这一整套的关系将发生改变，而浅薄的千城一面也将作为对其肤浅性的反动而消失。

对于技术性自杀所带来的危险所做的预见，比较历史学家比不上我们时代的人口学家、生态学家以及控制论专家——毫无疑问，它是一个征兆，即这是历史上独一无二的危险。诸多文明毁于战争，但从未毁于技术本身。然而，包围了整个地球的某种西方文明却可能必须面对源于其自身存在的可怕的挑战。受到不断提高的生活水平和医药技术传播的刺激，人口的增长速度可能使食品和能源供应难于应对。要维持一个庞大的世界技术，这一技术支撑着几十亿的人口，资源是必需的，但资源是不充裕的。不过，部分地回归农业文明恐怕是不可能的，因为技术没有了，农业生产所必需的体能也消失了。即使可以获得充足的资源，一个依靠持续增加投资的体系最终会榨干它所投资的地区吗？如果它产生动摇，它便面临可怕的结果，即经济学家所称的加速原则和全世界于1929—1941年的体验中获得的知识和恐惧。

或者，技术革命也可能造成无法解答的心理问题。如果机器和化学使得大多数人不必参与生产和再生产，将会发生什么样的情况？一个赫胥黎式的世界，超载了 β 和 γ 类的物质，会陷入一种可怜的、由体细胞支撑的准存在状态吗？或者对于无穷无尽的物质主义所表现出的明显局限性，可能会有一个巨大的反动，而将最有才华的头脑的兴趣转移到美学、哲学以及宗教上吗？技术本身就是为了解决哲学问题而产生的，它可能由于解决这些问题而走向衰微吗？因为现在，棘手的问题存在于非物质领域。如果这种技术装置垮掉的话，它将连带某种世界文明和它一同崩溃，所产生的种种结果可能持续很长时间，而且是灾难性的，相比较之下，核毁灭简直就像是对世界施行安乐死。

可是，技术问题是具有浮士德精神的人理解得最透彻，最善于应付的问题。如果这是唯一的威胁，他很可能解决这类问题。他可以将他的工程天赋转向开发合成动力，发现新资源，保持和补充旧资源（顺便说一下，这是投资的大头），通过安全、有效、但是强制性的口服避孕药来降低人口。开发生产无土食品的方法，推广地下和空中住宅，殖民其他星球，这些甚至都没有必要。但是，如果这些权宜之计一旦成为必需，它们也很有可能被研发出来。

西方文明的终结更有可能到来，因为浮士德式的物质主义精神已经启动了自己的模式，而具有浮士德精神的人已经转而关注对精神世界的探索（总之，这绝对是最深不可测的未知数）。但即便如此，某些其他更新式文明的代表或许愿意操控世界技术，所以不希望它垮掉。

如果这种技术性崩溃真的发生了，而且如果文明真的无可挽回地退回到农业文明水平，新文明应该依然会崛起，即使它们也许不再可能是机器动力驱动的工业革命。如果是那样的话，未来的历史学家会说，机器动力驱动的工业革命是西方文明的一个异数。后工业的农业文明将沿着自己的道路发展，解决自己的问题，创造自己有意义的艺术模式、政府、宗教以及哲学。

考虑到的这三种可能性因此对毁灭一种能力来生产新的文明做出了深远的构想。另一种可能性——创造一种和谐的、可以永久性进行自我调节的世界文明——将终止生产更深层文明的必要性。

165　　　如果知识是有权重的，那么几乎没有疑问的是，它在西方文明中所占的比重更大。我们了解更多关于宇宙本质的知识，因此可以根据经验用经过验证的事实来取代哲学的思考。西方文明不仅掌握更多的知识，或许比其他文明加起来所掌握的知识都多，而且它拥有印刷和电子通信技术，这使得这些知识能够为更多的人所获取。我们是否也许达不到掌握文明的作用和人的本质的程度，所以我们只能无休止地重构一种世界文明？是否文明的其他威胁的严重性不能提供所需的刺激使得文明人将他的能力用于创造和保留这样一种文明？

也许吧。但是，知识的积累真的已经进步到了这样的地步吗？因为知识与技术一样，对它的考虑必须参照它同获取它的文明之间的关系。一个庞大的文明需要更多的知识来维持其功能。不过，这一文明中的人同样具有局限性和才智，它们也制约了其他文化中的人。因此，如果他们够勤奋，对于任何一个科目，他们就能学会比其他所有文明已经掌握的更多的东西，但他们必须付出的代价是，牺牲其他所有科目的知识。而且，如果像我们的比较历史学家一样，想要了解更大范围的课题，他们就可能使自己缺乏深度。对个体而言，习得知识的可能性一直没有太大的改变；对文明而言，在规模、复杂性和知识之间始终都有一个比例。

同样地，知识的持续增长也并非有什么保障。在西方，教育技术因其自身的原因，在一段时间里对知识的积累提出了挑战，它反过来强调对思维能力的培养。这样一来，未来的几代人拥有的知识可能比他们的前辈要少。学校和大学的课程计划中也增加了更多的课程。因此，未来的几代人可以选择是在广泛的领域内浅尝辄止，还是专攻那些越来越狭窄的领域。无论怎样选择，结果都是缺乏"基础"知识。不仅是可能丢掉了知识，而且知识也不再是人们想要的。如果很难获取知识，而且所获取的知识不能解决挡在人们面前的问题，或者更让人受挫，对知识的渴望很可能进一步屈从于对权力、金钱、闲适或信仰的欲望。

但即便能够习得维持世界文明的知识，即便有这样一种维持世界文明的才智，但这样一种文明也将毁于同样的内部进程，这些内部进程终止了而且还将终止所有的文化。

要旨：西方文明并不是一种不同的文化种类，而它在世界范围内扩张的可能性同样不可能阻止其他文明的发展。

即使西方文明明显不同于其他文明，即使它看起来确实有可能要消灭所有的对手，文明研究也是有价值的。如果我们将我们

166

的探寻局限于已经表现出与当代有关联性的主题，我们可能将会
比现在还要贫乏。但是，在这种情况下，无独有偶，对比较历史
的研究确实与当代有联系。不错，一项研究越是基础，它越是要
以深入进程和源头的底层为目标，它也更可能与当代相关联。用
比较的标准来判断西方可能比总是拿它当一个新东西更符合逻
辑，也更有成果（见资料源 1）。

注释：

1. 战争与重工业

技术的发展与战争的发展之间的关系可以通过附加在"重
工业"一词上的现代含义做出解释。因为重工业意指资本设备
的生产，它是发展大规模商品生产的必要基础。当然，对于战争
工具的生产，它同样必不可少。但是，战争变得如此重要，以至
于青睐重工业的发展竟然意味着青睐战争经济，因此便反对为了
眼下的消费而生产。

2. 人类的毁灭

我们可以参照过去的经验，冷静地思考诸多文明的毁灭。但
是，人类的毁灭简直可笑。这很荒唐，因为它前后不一致。"你
现在可能觉得可笑，"一名学生恼怒地声称，"但等它发生了，
你就不觉得可笑了。"

3. 希腊语西方扩张

汤因比认为，现代西方的扩张与古希腊时代的扩张阵势相
当。根据他的计算，亚历山大大帝和他的英雄们见过的文明超过
了西方所见过的（《历史研究》，第八卷：第 404 页）。不过，这
表示我们忽略了各自的影响程度，而接受了汤因比关于各种文明
的叙述，也接受了"一种文明一票"的原则。

4. 未来文明的源头

如果西方文明笼罩了全世界，未来的文明将从何处起源？汤

因比将目光转向非洲（埃及以外），它似乎是一片处女地。不受先前诸文明的梦魇纠缠，这或许是它的一个优势，但我认为，新文明可以从任何地方开始。如果非洲拥有更不受限制的发展可能性，那么，亚洲的优势则是拥有基础坚实的各种模式，它们可以按照不同的方式加以运用，就如同西方倚重古典和古波斯祆教僧侣的母题。对于过去文明的研究教给我们的一个教训是，它们常常始于意想不到的、不适于居住的地区。因此，下一个文明有可能出现在南极或波士顿，或诸如此类的地区。

三　历史有模式吗？

168

西方技术的传播似乎是一个特殊的事件。人们常说，当下的科学技术时代与科学前文明的差别就如同那些文明与史前文明的差别一样大。

那么，是否可能存在某些关系模式，它们在文明的外部和内部都被辨识出来？是否我们遇到的"巧合"实际上有其自身的逻辑？

在很多古代文明之间都存在惊人的相似性。最初的四种文明都是农业文明和大河文明。后来的衍生文明虽然不是发源于河流，但在形态上很相近。

比较历史和比较宗教的研究者已经识别出，在公元前的第一个千年里，哲学开始发酵。卡尔·雅斯贝司和刘易斯·芒福德称为"轴心期"。那是一个知识发酵的奇妙时期，在中国、印度、中东和希腊都出现了最早的哲学家。人类第一次开始依靠自己作为个体的思想，开始设想出解决善恶问题的办法。当文明以各自的进程发展的时候，一种新的元素被添加进来，所有的文明在特定的发展阶段都认为它非常适宜。

当下的这个千年不仅添加了某种世界技术，而且增加了对试

验方法的依赖。从现在起，除非出现与过去的巨大断裂，人类将
根据自然和试验的数据检验自己通过理性和直觉生发出来的
思想。

这样一来，当个别文明遵循一部分通用的发展模式时，对将
要被采纳的方法和内容的积累一直在进行，因为每一种后续文明
都会进入一种自觉、理性和实验的阶段。

169　　　诸多文明本身存在的时间相对较短，这一事实意味着它们或
许是一个更大的发展模式的一部分，或许人们创造出它们是为了
解决特殊的问题，或者，作为一个范畴，随着问题的变化，它们
也可能被替换了。弗林德斯·皮特里已经提到过这一点，他发
现，从长远的角度看，进步在改变文明的本质；汤因比寻找的是
高于文明的形态；芒福德认为，可以在文明间相互比较的日子已
经过去了；索罗金说，文明从来就不是首先存在的；克罗伯认
为，诸文明这一概念或许不是文化的宏观动力学的最终解释。

这是可能的。但是，人只要还活着，他就要按照某种关系模
式来生活。在文明兴盛之后很长的时间里，原始文化继续存在。
某些更适宜的关系同样可能代替文明，或者比它更长久。但只要
人还是现在这个样子，他就要按照某种关系模式来生活，这些关
系不可能与那些曾经存在过很多次的关系完全不同。

只要人还是现在这个样子。但会吗？我曾假设人的本质是相
对连续的。这可能是个错误。

唐宁·鲍勒认为，心理分析是今天的事，而生理学是 17 世
纪的事。我们正在掌握大量关于人类本质的知识，我们仅仅是在
靠近一个点，我们可以由此开始影响它。正如哈维和博雷利关于
17 世纪的发现导致人们为了生存下来，在习性上发生了巨大的
改变，20 世纪的发现也可能导致人们行动方式的巨大变革。而
且，如果对人的本质的了解的确使他的行为发生大幅度的改变，
可能会有某种变化出现，这个变化不会逊色于文明缘起之前的农

业革命。在那个事件中，创造一个未来的、生气勃勃的、幸福快乐的世界文化的机会可能会大大增加。

但是，甚至超人也必须按照某种关系模式生存，而这个模式仍然会与他们的可能性的实现有很大关系。

那么，似乎可能会有一些模式，它们涵括了所有的文明、所有的人类以及所有的历史。正如文明可能包括完整的文化，宏大的历史模式也能包括文明。我们对它们还不甚了解，或许，我们几乎没有多少数据可供分析，但是，将诸文明作为一个整体继续加以研究也会有助于我们对这些超文明模式的理解。

注释：

1. 东—西模式

皮特里、汤因比以及众多东方学家都认同的另外一个超文明模式设想所有的东方文明彼此之间更为近似，而与地中海文明和西方文明不太相似。皮特里和汤因比在这两大世界地区之间观察到了一种给与拿的关系，在这两大世界地区，一个先占据主导地位，然后是另一个。皮特里将此归因于发展阶段的差异，汤因比则归因于对于挑战的连续反应。另一方面，雅斯贝司对接受"亚洲母亲"的概念提出警告。他坚持认为，中国和印度已经将自己同亚洲区别开来，与欧洲的所作所为一样。

我认为，可能还有很多重要的类似的超文明模式。不同的超文明模式可以同时存在，就如同地区特点可以在某种文明和民族内部存在一样。

2. 系统是系统的系统

鲍勒的观察如此。社会系统受到定义的局限。没有什么存在于世界文明系统之外。没有什么存在于构成了最简单社会的个体之外。但是，个体在生物意义上，如果不是在历史意义上，肯定也是一个系统。构成个体的细胞可以分解为更细微的成分。世界文明与支撑它的生物系统，与支撑生物系统的地球和大气系统有着密切的联系，而它们反过来与宇宙系统相联系。

根本不存在基础实体。

根本不存在终极关系。

3. 历史模式之否定

由历史学家 H. A. L. 费舍尔和彼得·戈耶尔以及哲学家 R. G. 柯林伍德和卡尔·波普尔证明的历史模式之否定通常首先是把重点放在决定论上，这通常也很有助益。当然，没有不可避免的模式。但是，如果某个姓费舍尔的决定要写宏观世界的欧洲，或某个姓戈耶尔的要写宏观世界的荷兰，他们肯定都进行了结构方面的重要选择。他们必须要决定将哪些排除在外，对哪些重点强调，而他们这么做的基础是他们认为什么更重要，这又取决于他对整体相关的机构的态度。如果欧洲没有模式，如果它仅仅是亚洲最西边的半岛，作为一个历史单位，为什么对它要比对最东边的半岛做更多的思考？它仅仅是被鄂霍次克海、白令海、北冰洋、勒拿河清晰地勾勒出来的一个半岛。

四 过去有未来吗？

关于文明的本质和文明间的互动，我目前能说的都已经说了。我试过用相对清晰的线条来画出一个模糊的主题。我希望它有助于澄清某些概念，希望它会提出关于其他概念的问题。如果它可以激励某些历史学家再延伸一点儿，尝试将他们的技术用于历史研究和历史哲学的研究，我将非常欣慰。如果它还可以激励某些学生将他们的注意力转移到这个方向上，准备将来进行宏观文化的研究，专攻一般化研究，我会更加高兴。

要做的还很多。比较历史专业的学生必须使他们这行的原始工具更加锋利，为此，他们必须想办法扩大他们的接受力、

相互联系的能力和理解力，必须在他们的领域中建立一般的秩
序，在描述和术语上达成某种一致，达成某种共识，即无论他
们称自己为历史学家、人类学家、社会学家抑或哲学家，他们
研究的都是相似的对象；他们必须将更多的注意力用于批判和
修正他们自己的研究和他们同行的研究；他们必须将他们建立
的原则用于特殊问题，以表明哪些研究路线需要进一步深入，
以修正他们的假设，并证明比较历史为社会科学提供了一种有
效的方法；当他们完善、批判和运用他们的方法时，他们必须
不断地产生新的一般性比较研究，因为随着方法的改进，这些
可能变得更有价值，更可靠，批判导致纠正，应用导致明晰。

　　正如这些研究迄今为止的成果令人敬仰，同样有理由希望，173
更有效的比较研究尚需假以时日。假设它可能被更广泛地理解，
假设它可能激发众多教师将学生的注意力引向他们形形色色的研
究主题的关系，引向历史与其他历史的关系，当这些学生开始解
析特殊问题时，他们该是怎样的胸有成竹，即将到来的几代人会
有怎样更为深邃的洞察力。如果这几代人中的学生很早就开始考
虑这些广泛的关系，如果他们的设想是在由具有接受力的头脑组
成的环境中产生——斯宾格勒们、汤因比们，还有索罗金们都不
具备这样的优势——谁能猜得出他们会把比较历史发展到怎样的
地步？

　　在一个诸多风格正在被批判，正在被打碎的社会中，这是一
种不断膨胀的风格，是一种新颖的、令人激动的、不断成长的社
会研究模式。它的形成才刚刚开始。

174

注释：

1. 未来的经济学研究与教育

　　马克思对经济理论的最大贡献之一就是指出了生产方式和社
会本质之间的关系。我们不再相信生产方式决定文化的本质，在

这一点上，比较历史对马克思做出了修正；我们相信，生产与文化是相互转换的。是文化的本质和变化的本质，而不是生产或征服或伟人提供了理解历史的钥匙。

但是，20 世纪的经济学较之 19 世纪更少以历史为导向。今天的经济学研究始于对自身国家的现代制度的研究。重点似乎也从分析转向规定——学生们几乎是一接触到问题，就教给他们现任政府应该对这些问题采取的措施。课本的出版商相互竞争，推出能够解决最新问题的版本，最好能预见到几年之后的问题。

很明显，经济学教师已经过时了。只要他们愿意，他们就可以出版活页课本，每天都发给我们替代某些部分的材料，它们过时得更快。因为 20 世纪在观点方面给了我们巨大的优势，这一观点的含义之一是，时代潮流和知情权存在于超大城市的、了解时尚的、肤浅的环境中。书籍经不住推敲，必须写出新的版本，图书馆堆满了已经过时的版本，这个事实应该让这些书的作者们意识到这一点。

175   经济学家们首先应该考虑的是生产和销售方法。（自从穆勒提出销售是一个政治问题，而非经济问题，它就成了理论的孤儿，却是通向权力的实用密钥。）要明白这一切，他们就需要对历史进行梳理，因为历史会告诉我们这些程序，告诉我们它们同其自身生存其间的文明或文化之间的关系。当代某个政府的经济政策可能是一个先进但非常专业化的经济分支，但是，它一定不应该是入门阶段的重点。

2. 未来的政治学研究与教育

上次参加美国政治科学学会的会议时，政治科学家的职责所引起的关注吸引了我的注意力。他们需要小心谨慎，不能成为单纯的历史学家或经济学家或人类学家。研究领域的重叠曾被认为是草率的，不专业的，如果不是严格意义上的不道德的话。

因此，政治学研究很容易便被限制于对制度间关系的研究，也就不足为奇了。政治学专业的学生专注于政府系统的工作方式。如果他以历史为导向，也许能证明它是如何进化的。如果他还要进行更深入的探索，可能会思考政治形势与经济系统和社会之间的关系。这样一来，对英国政府的研究将描述这个系统是如何运行的，例如，一项法律是如何通过的；继而展示这个系统如何从光荣革命，经过 19 世纪的改革而取得进步；最后说明这些变化如何反映了城市力量和工业革命的兴起所产生的影响。但是，重要的是关注当今政府在各个层面上的工作。谁现在是真正的决策人？他们如何做出决策？投票者在最后的选举中有多少发言权？谁在操控投票者？你如何在今天的世界上找到自己的道路？

因此，政治学教师（与经济学教师一样）很自然地要在他 ¹⁷⁶们的课上补充新闻杂志上的内容，要花费他们宝贵的时间来阅读当今重要的报纸和杂志，甚至学校将"时事"作为课程计划的一个单独部分。这样一来，他们便深陷在各种通讯社的天地里，不论何时发生了任何新鲜事儿，这些通讯社都会更换"头版新闻"，以保持自己的报道不断"更新"（世界本身也极为适合它所反映出的态度），于是，他们的报纸（每天出好几版）总能刊登出最新的消息；他们也要孜孜不倦地关注广播和电视，它们每小时都对新闻做出补充和修改，主要强调此时此刻发生的任何事。不过，你可能期望有一个严谨的学术世界，可以从事不同于这一切的事情，能够超越这一切，穿透这一切，从一个更超脱的视角来理解形形色色的发展模式。

政治科学家和政治学教师首先要重视形成种种政治组织的方法，以及它们同自己存在其间的文明或文化的关系。某个个别王朝或政府的政治策略或许是专家考虑的问题，但与经济学一样，不应该成为入门阶段的主题。而当天的新闻应该被看作是相关的解释材料，而不是学习的中心内容。在涉及历史的地方，不应该为了从中获取对付今天问题的武器而将它看作背景埋头强攻。历史应该指明政府在社会中的位置，它可能经历的变化，以及任何形式，包括目前的形式，可能无法控制的无常。

在教育界有一场相关的辩论一直没有停歇。一方强调需要呈现对人生活其间的文化的一种理解；另一方强调提供方法和动机，学生因此会将学习作为一项终其一生的事业。和每一分钟都保持同步的方式也不能满足这两种需要的任何一种：它不能提供对于政治学或经济学与其自身文化（更遑论与其他文化）之间关系的理解，也不能提供可以使学生不断增进知识、智慧和理解力的方法和动机。

3. 未来的国际关系研究与教育

177　　国际关系在美国被看作政治科学的一个分支。它的研究范围通常可以通过它的另一个名称——世界政治——得到揭示，通常讨论政治或经济势力在国际决策中的重要性。要不然，这个主题就会被放在对外政策的名下来处理，这时，政治科学家要试着决定一个国家——通常是他所生活的国家——在特定的环境中应该有什么举措。在英国，国际关系研究常被看作历史的一个分支，在这种情况下，学生关心的是外交家在过去做了什么。同样地，这些外交家常常是他自己国家的外交家。

今天，国际关系专业的学生应该关注这种关系的基本性质。他应该充分利用比较历史学家为他开拓的更宽广的视域。他当然应该意识到，比较研究所涉及的远不是制度和经济系统的并置。国家系统是一个严密的、完整的关系形式，对它的探究必须参照它和政府、经济发展以及整个文化之间的关系。国家系统必须历史地来看待，作为一个不断发展的实体来看待，而且在比较意义上，作为一个诸多已经存在的系统之一员来看待。

4. 未来的历史研究与教育

在政治学和经济学当中强调过的东西可能在历史的研究、教育以及书写当中同样有效。总之，历史就是在政治与经济形态的变化中形成的。精神和意识形态的发展影响着政治历史，而美学的发展则反映出政治历史，但是，历史是在政治和经济的变化中形成的。正因为如此，原始社会没有历史。

但政治学和经济学与文明模式之间的关系应该得到更加全面的探索。如果你想了解 20 世纪的历史，你就必须掌握宏观文化模式。对人格或制度或顺序的细节了解不足以取代宏观文化模式。对 20 世纪历史的书写或教授不能对社会学和人类学的存在视而不见。历史专业的学生必须明白他正在研究的文化与其周围的同轴文化之间的关系，包括与整个文明的关系。

在尝试理解并解释这一切的过程中，叙事历史学家会犯各种 178 错误，他可能遭到比较历史学家已经领教过的戏弄。他避免错误的唯一办法是将自己限定在一个非常狭窄的领域内并且掌握有关这个领域的一切知识。然后他就可以书写几近完美的历史了。它近乎完美，但却不值一读，因为他不能在一个更加广阔的视域中了解历史和历史学家。他会将所有的部分都涵括在内，但却不可能理解更深层的各种关系。20 世纪的历史学家如果不努力洞悉文化模式的基层关系，简直就无法承担他已经接受的职责。20 世纪的教师如果不努力了解这些更加广泛的关系，便无法教授自己的学生。在观察和行动的过程中，你必须利用已经掌握的种种方式。你必须生活在你身处的这个世纪中。

5. 未来的比较历史

比较历史的写作呈现出各种严重的问题。它可以在本科生阶段教授，所以作者不能在教学中巩固或检验他的研究。除此之外，任何一个人都很难习得关于好几种文明的充分的一般性知识，遑论习得关于任何一种它们共有现象的详细的对比知识了。汤因比将他的手稿交给一些专家评论，以此规避了这个难题。索罗金已经能够雇用学生团队来制作图表，进行迄今尚无人能够完成的基础性研究。库尔伯恩关于封建主义的结论以一项引人注目的合作项目为基础，项目由一支结构松散的团队承担，成员有专家和多面手。那个项目恰好也包括克鲁伯和汤因比，它的逻辑肯定令人难以置信。

协会和团队较之个人其领域更加广阔。但是，它们却有官僚主义之局限性。索罗金和库尔伯恩是更具刺激作用的作家，前提是他们不受团队数据和协会意志的约束。单枪匹马者难免莽撞出错，但时间和专家会清除他的错误。厚脸皮可能是比较历史学家很好的挡箭牌，但如果在证据确凿的情况下反倒阻碍了他修正自己的形象，那就另当别论了。

179　　在哪里能找到比较历史学家？库尔伯恩英年早逝使他错失良机，没能写成可能是自克鲁伯的《文化成长的诸形态》以来的人类学方向最明显的著作。因为对于注重起源，库尔伯恩比克鲁伯更有兴趣，也更坚定地以历史为基础。奎格利罕见地集多种能力于一身。他的写作知识性强，判断敏锐，文体清晰，却常受到令人迷惑的类比所干扰。他在经济史及理论方面基础特别扎实，大多数比较历史学家都做不到这一点。如果他不是由着兴趣在太多其他领域内分心的话，他一定会对理解文明做出重要的贡献。还有其他一些社会科学的研究者将兴趣转向这一方向。米歇尔·格兰特、弗兰克·马努埃尔、肯尼思·博尔丁、S. N. 艾森斯达特、西里尔·布莱克、罗伯特·亚当和罗伯特·维森，他们只是我能想到的（协会能想到更多）。他们的困难是巨大的，因为他们彼此没有联系，他们被相互隔绝的学科所阻碍。他们必须选择抗争，或避开那些机构，这些机构控制着专业协会，坚持将其研究限制在温和的、已经得到认可的、受人尊重的而且已经被精心培育好的领域，在这些领域中，无论投入多少才华，都注定只能产出令人失望的果实。

比较历史学家将要写些什么？我可以不假思索地想出好多很

有前景的题目，只是没有多少参考书可以提供：

物质主义：研究获得物品和服务的态度上的波动。

野蛮人：研究那些其生活被入侵的文明连根拔起的人们。

无形式性：研究反复出现的毁灭或形式的丧失以及促成这种情况的条件。

世界的失败者：探究某些人周围的环境，这些人认为自己可以征服世界，而且几乎就要做到了，但最终却失败了。

全面战争：它们出现的频率，它们有哪些影响？它们是否具有共同的起因？

不要孩子：研究人们想要缩小家庭规模，甚至杀死自己的婴儿的时机和条件。

什么好玩儿？：研究幽默与文化的关系。

世界主义者：研究世界公民的反复出现。

好男孩和好女孩：对于世界历史中道德标准的波动进行比较研究。

最好就此打住。这些标题似乎要来一个时髦的转向。这类研究应该始终在一个真正的比较基础上进行，与过去不同，不是随便从西方历史中挑出一系列的材料，对希腊和罗马只是出于礼貌地敷衍一下。它们应该是系统性的，在实际研究之前就应该有一个研究模式。

对于特殊范畴的这些研究不应该阻挠整体理论的发展，因为特定领域的研究者一定要有足够的信心去理解整体。

资料源

1. 汤因比的西方

汤因比在这个主题上是最多产的，尽管他对光写这个主题表示了歉意。除了两本小书，《西方的前景》（*The Prospects of the*

West）和《经受着考验的文明》（*Civilization On Trial*），他还在他的《研究》（*Study*）第九卷，第406—645页对这一主题做了长篇论述，在第十二卷第十六章对它进行了再思考。

其他在广义上探讨过这一主题的学者是克鲁伯，《文化成长的诸形态》，第699—760页；奎格利，《文明的进化》，第210—265页；克拉夫，《文明的兴衰》，第163—216页。

2. 西方文明是独一无二的吗？

这一观点上的基本差异见卡尔·雅斯贝司与刘易斯·芒福德的观点，西方人是新兴的、独一无二的，与斯宾格勒观点的对比，后者认为，西方人只有在每一种文明都有其独特的性质这个意义上才是独一无二的。斯宾格勒，《西方的没落》（*The Decline of the West*），一：第六章，"浮士德的灵魂"；雅斯贝司，《历史的起源和目标》，第一部分：第六章；芒福德，《人类的转变》，第一章，"新世界的人"。

西方史无前例的变化：昆西·赖特，《战争研究》，一：第166—169页；汤因比，《研究》，第九卷：第465—473页。

技术：雅斯贝司，《起源》，第100—125页；技术与战争：汤因比，《研究》，删节版，一：第192—195页；赖特，《战争研究》，一：第374—377页。

3. 文明没落了吗？

182　　　一种文明窒息其他所有文明的危险：A. L. 克鲁伯，《文化成长的诸形态》，第621—623页；《人类学》，第384—385页；虚假形态：斯宾格勒，《西方的没落》，一：第207—214页；史怀哲，《文明的衰败与重建》，第63—64页；古希腊文明与西方文明对其他文明的统治：汤因比，《研究》，第八卷：第403—407页。

西方文明解决其问题的能力：哈里森·布朗（Harrison Brown），《人类未来的挑战》（*The Challenge of Man's Future*），第

七章，"未来的模式"。

4. 历史有模式吗？

这是雅斯贝司的《起源》和芒福德的《人类的转变》的主题，上引。尤见雅斯贝司的第一部分，第二章："世界历史的日程"，将现代时期看作反循环历史的第三个大突破。

汤因比将文明降为一个比较次要的角色。见他关于将会是"更高级种类"的讨论，《研究》，第七卷：第420—449页。

5. 过去有未来吗？

比较历史学家论比较历史：索罗金，《危机时代的社会哲学》；克鲁伯，《样式与文明》，第四、五章和附录三。

参考书目

一 按字母顺序排序

下面我按照字母顺序列出那些与理解文明的本质最为相关的英语书籍和文章。想进一步钻研某一主题的读者首先应在相关章节的最后查阅资料源，然后进一步查看本书目的第二节，其中的书籍是按照话题排列的。

我在几个例子中已包括了相关的书籍（以星号标注），但我还没有看到。对这些书的评论是以书评或对话为基础的。

Adams, Brooks, *The Law of Civilization and Decay*, London, 1903, reprinted in Vintage paperback, 1955; o. p. A Curiosity. 本书若以平装本重新流行更奇怪。

Adams, Henry, *The Degradation of the Democratic Dogma*, New York, Peter Smith, 1949. 研究两位亚当斯的学生比研究文明的学生可能对这本书和上一本书更感兴趣。

Adams, Robert McC., *The Evolution of Urban Society*, Chicago, Aldine, 1966. 本书比较了早期的美索不达米亚社会和墨西哥社会。作者认识到比较理论及其与特定问题的关系或无关性。

Allen, Philip J., editor, *Pitirim A. Sorokin in Review*, Durham, Duke University Press, 1963. 本书是普遍友善的批评家们所做的温和的评论。可以理解的是，索罗金做出"回复"，称赞他

们"令人钦佩的理解、客观性和高雅"。

Anderle，Othmar F.，*The Problems of Civilizations*，The Hague，[186]
Mouton & Co.，1964. 这是 1961 年在萨尔茨堡一个关于文明比较研究的会议上的报告，索罗金、克罗伯、库尔伯恩参加了这次会议。

Bagby，Philip，*Culture and History*，London，Longmans，Green & Co.，1958. 与其说本书是个意义重大的贡献，不如说它是对需要去做之事的陈述。

—— "Culture and the Causes of Culture，" *American Anthropologist*，LV：535—554. 其中，这是对诸文明的"实在"的辩护。

Barraclough，Geoffrey，*History in a Changing World*，Oxford，Blackwel1，1955. 本书认识到比较历史学对叙述历史学所做的一些贡献。

Becker，Howard，*Man in Reciprocity*，New York，Praeger，1956. 本书是包括有关神圣—世俗连续体的文化超系统的类型学的课堂笔记手稿。

Benedict，Ruth，*Patterns of Culture*，Boston，Houghton Mifflin，1934；Mentor paperback，1956. 本书把融合与特征描写概念运用到原始文化中。问题是这样的方法能否被应用在所有文明之中。

Berdyaev，Nikolai，*The Meaning of History*，London，Geoffrey Bles，1936. 他是一位知识渊博、风趣的俄国宗教与政治哲学家。从某种意义上讲，他是丹尼列夫斯基的继承人，从另一层意义上讲，他是道森和史怀哲的俄国同时代人。

Bertalanffy，Ludwig Von，*General System Theory*，New York，Braziller，1968. 他把比较历史学视为众多系统方法之一，这些方法同时用于数学、科学、哲学、社会科学与美学。

Beus，J. G. de，*The Future of the West*，London，Eyre & Spottiswoode，1953. 十年前我读这本书时，它给我提出了一些有趣的

问题。如今，这本书似乎十分肤浅，缺乏独创性。

Black, C. E., *The Dynamics of Modernization*, New York, Harper & Row, 1966; Torch paperback, 1967. 关于现代历史问题，他使用了比较方法，并且具有全球眼光。布莱克对现代问题与遥远的过去的问题之间进行比较的有用性持怀疑态度。

Bodin, Jean, *Method for the Easy Comprehension of History*, New York, Columbia University Press, 1945; translated by Beatrice Reynolds. 博丹可能是掌握比较历史各种可能性的首位西方作家。

187   Boulding, Kenneth, *The Image*, University of Michigan Press, Ann Arbor paperback, 1963. 这里对镜像的解释将会运用到本书勾画的模型中。博尔丁的研究对评价不同学科的综合方法也很有用。

——*The Meaning of the Twentieth Century*, New York, Harper and Row; Torch paperback, 1964. 这本书把近来的发展视为比较文明时期结束的标志。

Bowler, T. Downing, *Being and Relatedness*, Bradford, Mass., 未出版的简易平版印刷品, 1959—1969; 本书由布拉德福德专科学院书店发行。书中展示了很多源于哲学、科学、心理学、人类学和比较宗教的统合方法的见解。

Bozeman, Adda B., *Politics and Culture in International History*, Princeton University Press, 1960; also Princeton U. P. paperback, 1960. 本书研究了几种文明中的国际关系。比较与归纳总结主要留给读者。

Brinton, Crane, *The Anatomy of Revolution*, New York, Random House, Vintage paperback, 1957; also revised ed. 1967. 本书是以一个文明内仔细规定的各种限制来进行有效比较研究的例子。

Brown, Harrison, *The Challenge of Man's Future*, New York, Viking Press paperback，1954. 本书为西方文明提出了其他文明不必面对的问题。

Burckhardt，Jacob，*Force and Freedom*，New York，Pantheon，1943，1964；Beacon Press，paperback，1964；translated by M. D. Hottinger-Mackie，edited by James Hastings Nichols. 本书实际上是对讲座笔记的整理，但它仍然是 19 世纪有效使用比较方法的一个有趣的例子。

Clough，Shepard B.，*The Rise and Fall of Civilization*，London，Skeffington，1953；Columbia，paperback，1961. 本书质疑了物质富裕意味着解体的论点。

Collingwood，R. G.，*The Idea of History*，Oxford，Cumberlege，1946，also paperback. 柯林伍德是对汤因比和决定论历史的早期坚定的批评家。

Coulborn，Rushton，and others，*Feudalism in History*，Princeton University Press，1956. 本书是委员会工作的有趣的例子，其优点是广度与准确，其缺点是过于详尽而缺乏犀利。

Coulborn，Rushton，*The Origin of Civilized Societies*，Princeton University Press，1959，revised ecl.，paperback，1969. 本书精于描述，是结合了深厚的人类学背景与东方文明的超级知识的研究。试比较这里描述的革命与博尔丁在《二十世纪》（*Twentieth Century*）里描述的革命。

—— "Structure and Process in the Rise and Fall of Civilized Societies，" *Comparative Studies in Society and History*，第八卷：404—431，1966. 库尔伯恩修正了一些早期的理论，描述了基本的文明，并且传播了超越封建时期的思想。

—— "The Rise and Fall of Civilizations，" *Ethics*，LXIV：205—216. 在反常的埃及文明研究中，本书比较了埃及古物学者约翰·维尔森的方法与汤因比和克罗伯的方法。

—— "Survival of the Fittest in tile Atomic Age," *Ethics*, LVII: 235—258. 本书比较了核时代的基本问题与首批文明的创始人所面对的问题。

—— "Toynbee's Reconsiderations: A Commentary," *Journal of World History*, VIII, No. 1, 1964, 15 - 53. 本书对汤因比是公正的，对比较历史学本身也是一大贡献。

—— "A Paradigm for Comparative History?" *Current Anthropology*, Vol. 10, No. 2 - 3, April - June 1969, 175 - 178. 库尔伯恩在 1968 年 4 月去世前的几个月就已经略述了比较历史学研究的前景。

Coulborn, Rushton and W. E. B. Du Bois, "Mr. Sorokin's Systems," *The Journal of Modern History*, December, 1942, 500 - 521. 这个令人意想不到的学者组合（库尔伯恩和杜波伊斯在 20 世纪 40 年代早期——索罗金第四卷刚刚出版后，分别是亚特兰大大学的历史学教授和社会学教授）对索罗金的基本理论及其与斯宾格勒和汤因比的理论的关系做出了最有说服力的评价。

Coulborn, Rushton and Joseph R. Strayer, "The State and Religion: An Exploratory Comparison in Different Cultures," *Comparative Studies in Society and History*, October 1958, 38 - 57. 本文比较了六种文明中政府与宗教的关系。

189   Cowell, Frank R., *History, Civilization and Culture*, London, Black, 1952, o. p. ; Boston, Beacon Press, 1952, o. p. 本书是对索罗金理论的奉承性介绍。

——*Values in Human Societies*, Boston, Porter Sargent, 1969. 本书更为全面地论述了索罗金的生活和工作，并且计划今年秋天出版。

Croce, Benedetto, *The Philosophy of Giambattista Vico*, London, Latimer, 1913; translated by R. G. Collingwood. 克罗齐的解

释比维柯的论述更具相关性。

Dawson, Christopher, *The Dynamics of World History*, London, Sheed and Ward, 1957; Mentor paperback, 1962; ed. by John J. Mulloy. 本书是对道森作品的实用的整理，并附有小结，强调了其基本理论。

——*Enquiries into Religion and Culture*, London, Sheed and Ward, 1933. 本书包括一篇关于历史循环的早期论文，这篇论文是道森研读斯宾格勒或汤因比的著作之前写的。

——*Religion and Culture*, London, Sheed and Ward, 1948; Meridian paperback. 本书强调了宗教在决定一种文明的本质方面所起的关键性作用。

Eisenstadt, S. N., *The Political System of Empires*, Glencoe, The Free Press, 1963. 本书条理清晰、论证缜密、论据充分、深奥难懂。本书是对经济学、政治结构或阶级的具体研究的有益假说。

Eisenstadt, S. N., ed., *The Decline of Empires*, Englewood Cliffs, Prentice-Hall, 1967; also Prentice-Hall paperback, 1967. 本书的内容更多的是关于总体进程，而不是衰亡。除了几处编辑的主要评论外，本书大部分的比较留给读者。

Erwin, Robert, "Civilization as a Phase of World History," *The American Historical Review*, . July 1966, 1181 – 1198. 本书坚持认为文明的消亡是由于外部攻击造成的，而不是内部衰亡造成的。

Frankel, Charles, *The Case for Modern Man*, London, Macmillan, 1957; Beacon paperback, 1959. 本书是对比较历史学悲观面的响亮回应。

Geyl, Pieter, *Debates with Historians*, Groningen, Wolters, 1955; Meridian paperback. 一位对汤因比和索罗金做出风趣而中肯评论的批评家。

190 Gottschalk, Louis, ecl. , *Generalization in the Writing of History*, University of Chicago Press, 1963. 本书对历史写作的种类进行分类，主要讲述比较历史学和历史哲学。

Grant, Michael, *Ancient History*, London, Methuen, 1952; Harper, Torch paperback. 本书是一本对古代社会进行比较研究的书，对战争、城邦体制、民族主义、社会结构、领导力与战争都配有分析性的章节。本书道德说教强，言词谨慎，对古人的敌意却令人耳目一新。

Herskovits, Melville, *Man and His Works*, New York, Knopf, 1956. 本书主要讨论文化的结构与动态。本书例子丰富，很难简单的浏览。

Hughes, H. Stuart, *Oswald Spengler: A Critical Estimate*, New York, Scribner's, 1952. 本书对斯宾格勒与比其更重要的前辈与继承者之间的关系做出了公正、有洞察力的思考。

Ibn Khaldun, *The Muquaddimah*, London, Routledge and Kegan Paul, 1958; New York, Pantheon, 1958, three volumes; translated by Franz Rosenthal. 一部从另一时代和另一世界的比较历史。

Jaspers, Karl, *The Origin and Goal of History*, New Haven, Yale University Press, 1953; translated by Michael Bullock. 本书试图调和世界历史学与比较历史学。参见芒福德的《转变》(*Transformations*)。

Kann, Robert A. , *The Problem of Restoration*, Berkeley, University of California Press, 1968. 本书比较研究了十二种情形，在这些情形中，政治稳定在革命后得以恢复。例子选自欧洲和古代历史。

Kluckhohn, Clyde, "The Concept of Culture" in *Culture and Behavior*, Glencoe, The Free Press, 1962, paperback, pp. 19 – 73. 本书是不同职业成员间的想象对话，试图构建他们所说的 "文化"

含义。

Koneczny, Feliks, *On the Plurality of Civilizations*, London, Polonica Publications, Series No. 2, 1962. 阿诺德·汤因比作序。这是波兰作家写的一部显然有争议的比较历史学著作。

Kroeber, A. L., *Configurations of Culture Growth*, Berkeley, University of California Press, 1944. 克罗伯的基础比较历史学著作，基于对天才模式的研究。

——*Style and Civilizations*, Cornell University Press, 1957. 克罗伯在书中探讨了其他的比较历史学家，并且从年逾八旬者的角度看需要做什么。

——*The Nature of Culture*, University of Chicago Press, 1952. 该书是一本选集，只有几篇与文明有关。克罗伯对"超机体现象"的著名论述也包括在内。

——*Anthropology*, 2d. ed., Harcourt, Brace, 1948；Harcourt, Brace & World paperback, two vols. 本书理论丰富、涉及面广，把人类学的研究方法带入文明领域。

——*An Anthropologist Looks at History*, Berkeley, University of California Press, 1963. 死后出版。书中的几篇文章详述或总结了克罗伯的理论。

——*A Roster of Civilizations and Culture*, New York, Viking Fund Publications, 1962. 不只是一本原本很重要的书的纲要。

Kroeber anti Kluckhohn, *Culture*, New York, Random House, 1952. 本书对许多文化研究方法提供了例证，包括对文化与文明关系的思考。

Kuhn, Thomas, *The Structure of Scientific Revolutions*, University of Chicago Press, 1962. Phoenix paperback, 1962. 库尔伯恩觉得这里描述的不同范式的概念能恰当地应用到文明比较研究的新情况中。

Mahdi, Mushin, *Ibn Khaldun's Philosophy of History*, London, Allen & Unwin, 1953. 一本简介。

Manuel, Frank E., *Shapes of Philosophical History*, Stanford University Press, 1965; Stanford U. P. paperback, 1965. 这是我最喜欢的史学著作。他凭借机智，而不是讥讽来吸引读者，他对几位比较历史学家的描述，尤其是斯宾格勒，是深刻的（而不是像我所想要说的那样）。

Montagu, M. F. Ashley, ed., *Toynbee and History*, Boston, Porter Sargent, 1956. 与让人感到亲切的艾伦著的有关索罗金的书相反，该书显得毫不留情。每位评论家都钦佩汤因比广博的学识，然后，很高兴把他的才能展示给众人。

Mumford, Lewis, *The Transformations of Man*, New York, Harper, 1956; Collier paperback. 本书是对历史学的另一种解释，如雅斯贝司，调和了叙述法和比较法。

192

——*The City in History*, New York, Harcourt & Brace, 1961. 尽管本书按时间顺序编排，但是本书的视角受到作者的比较历史学意识的影响。

Northrop, F. S. C., *The Meeting of East and West*, New York, Macmillan, 1946; Collier paperback, 1946. 本书是东西方文明之二分法观点的著名例证，该观点主要遭到比较历史学家们的反对。

—— "Tile Wedding of tile World's Civilizations," *Main Currents in Modern Thought*, May-June 1965, 100 – 104. 本文是对诺思罗普的观点列举的简要、最新的例子，在这种情况下，文章强调了把东西方融入世界文明的标志。

Opler, Morris, "The Human Being in Culture Theory," *American Anthropologist*, June 1964, Part Ⅰ, 507 – 528. 由于低估了人类的能力，本书批评了克罗伯和其他人类学家。

Petrie，W. M. Flinders，*The Revolutions of Civilization*，London，Harper，1911，o. p. 克里斯托弗·道森认为，本书是一战后对比较历史学家写作产生重大影响的一次大胆努力。

Prakash，Buddha，*The Modern Approach to History*，Jullundur，University Publishers，1963. 郝伯特·马勒认为读一位来自印度学者对历史的诠释令人耳目一新。像大多数第二次世界大战后的作家一样，郝伯特·马勒显然不是那么的教条。

Quigley，Carroll，*The Evolution of Civilizations*，New York，Macmillan，1961. 本书对经济理论进行了优美、凝练、深刻的解读。本书是集三十年思索，经七周写作而成的作品。

Redfield，Robert，*The Primitive World and its Transformations*，Cornell U. P.，1953. 本书从原始的角度研究了向文明的转变，强调观点而不是技术。本书富有魅力而又有挑衅性。

Reiser，Oliver L.，*Cosmic Humanism*，Cambridge，Schenkman，1966. 雷瑟虽然不是一位比较历史学家，但他是综合模型构筑者的先驱，在语气、态度、研究范围方面颇像索罗金。他在科学、宗教和美学方面游刃有余。

Roesler，Herbert E.，*Table of History of Civilizations*，Bogota，multilith，revised ed.，1968. 本书是各种文明描述的显著合成，这些描述源于几十位历史学家、社会科学家和哲学家。

Schweitzer，Albert，*The Decay and the Restoration of Civilization*，London，Black，1932，2d edition；translated by Charles Campion. Later published as the first volume of The Philosophy of Civilization，New York，Macmillan，paperback，1949. 本书强调并且藐视西方文明的一些独特方面。

Smith，Page，*The Historian and History*，New York，Knopf，1964；Vintage paperbacks. 本书叙述了一些比较历史学家——布克哈特、斯宾格勒、汤因比——直至探索重大历史问题的其他历

193

史学家。虽然本书的描述被压缩了，但却是明智的。

Sorokin, Pitirim A. , *Social and Cultural Dynamics*, American Book Company, 1937 – 1941, four volumes. 在第一卷中，作者做了修订和删减。尽管索罗金对此提出过抗议，但节略本可以满足无障碍的阅读，原版则作为供研究使用的宝贵的数据资源被保存下来。

——*Society*, *Culture and Personality*, New York, Harper, 1947. 个别章节补充了《动态》。本书主要面向当代世界。

——*Social Philosophies of an Age of Crisis*, London, Stevens Sons, 1950; in paperback as *Modern Historical and Social Philosophies*, Dover, 1964. 本书是对比较历史学家这一学派存在的首度有意义的认可。

——*Sociological Theories of Today*, New York, Harper & Row, 1966. 第三部分："文化体系的理论"修正并且填补了索罗金早期的《社会哲学》。

Spengler, Oswald, *The Decline of the West*, London, Allen and Unwin, 1932, one-volume edition; translated by C. F. Atkinson. 尽管本书言过其实，但它仍是最具开创性的比较历史学著作之一。

——*Man and Technics*, London, Allen & Unwin, 1932, translated by Atkinson. 做了微小的补充。

194   Steward, Julian H. , *Theory of Culture Change*, University of Illinois Press, 1955. 本书包括文化中的文明。作者认为该书的读者对人类学和历史学有相当的了解，因此，书中没有过多的解释。

Thompson, Kenneth, "Mr. Toynbee and World Politics," *World Politics*, VIII: 374 – 392. 本书对汤因比在国际关系研究方面所做的贡献做了便于理解而且温和的评价。

Toynbee, Arnold J. , *A Study of History*, London and New York, Milford and Oxford University Press, 1934 – 61; O. U. P. paperback；第十二卷：D. C. 索麦维尔对前十卷做了删减，伦敦、纽约、坎伯利奇和牛津，1946 – 1957；Dell paperbacks. 虽然删减强加了顺序，但失去了很多汤因比最具价值的见解。这些见解往往是在他显得离题的时候来到他的笔下。

　　——*Civilization on Trial*，London，Cumberlege，1948，o. p.；Meridian paperback，o. p.

　　——*The Prospects of Western Civilization*，New York，Columbia University Press，1949；Meridian paperback. 这两本书是《研究》中所引材料的重述。

　　——*An Historian's Approach to Religion*，London，Cumberlege，1956. 本书勉强与比较历史学有关。

　　——*The New Opportunity for Historians*，University of Minnesota Press，1956. 本书论述了比较历史学与叙述历史学的关系。

　　——*The Tragedy of Greece*，Oxford，Clarendon Press，1921. 本书的有趣之处在于它为汤因比在一次演讲中所提出来的理论打下了基础，而此前，汤因比并未研究过斯宾格勒。

　　Tuma，Elias H.，*Twenty-six Years of Agrarian Reform*，University of California Press，1965. 他用了在未来几十年可能会经常重复的方法：历史性调查之后是比较分析，并且尝试从普通理论的层面进行了总结。

　　Vico，Giambattista，*The New Science of Giambattista Vico*，Cornell University Press，1948，o. p.；Anchor paperback，o. p.；translated by Thomas Bergin and Max Fisch. 两位译者已简化了维柯的风格，但要完成这个工作仍是个苦差事。见克罗齐。

　　Warner，Sam Bass，Jr.，"If All tile World Were Philadelphia，" *American Historical Review*，October，1968，26 – 43. 本文通过选择有意义的静态期，以及通过隔离社会和经济模式数据的方式，试图建立城市的比较研究。

195 Webb, Waiter Prescott, *The Great Frontier*, University of Texas Press, 1964. 汤因比为本书撰写了导论。本书研究了自现代欧洲扩张以来野蛮人与文明之间的关系。

Wesson, Robert G., *The Imperial Order*, University of California Press, 1967. 本书研究了从古王国时期到俄国以来的帝国。本书写作明确，不像威特福格尔那么的教条主义，并且比艾森斯塔得更清晰。

Wittfogel, Karl A., *Oriental Despotism*, Yale University Press, 1957；Yale U. P. paperback, 1957. 本书是专制权力及其与贫困、阶级、心理反应和过渡等这些现象之间关系的有争议的比较研究。

Wright, Quincy, *A Study of War*, University of Chicago Press, 1942, two volumes. 本书作为一种信息来源与索罗金进行争辩，本书包罗万象，但缺乏观点，往往冗长乏味。

Zimmerman, Carle C., *Patterns of Social Change*, Washington, Public Affairs Press, 1956. 本书的大部分谈论了斯宾格勒、汤因比和索罗金在重塑社会学研究方面的贡献。

二　按话题排序

在下面的 A、B、C 三节中，我已列出了更重要的比较研究著作。D 部分是关于文化理论的；E 部分是关于背景、解释和批评的；F 部分是关于比较历史学的。A 部分的书目按照出版的顺序排列，其他部分的顺序是按照与该研究的相关性排列的。

经常有人问我应先读哪位比较历史学家的作品。提醒一下，比较历史学不能代替叙述历史学，假设能长寿，我可以在 G 部分列出一个建议性的书单。

A. 基础比较历史学著作

Spengler, *The Decline of the West* Toynbee, *A Study of History*

Sorokin, *Social and Cultural Dynamics*

Kroeber, *Configurations of Culture Growth* 196

Quigley, *The Evohttion of Civilizations*

B. 重要的专题比较研究

Coulborn, *The Origin of Civilized Societies*

Coulborn and others, *Feudalism in History*

Clough, *The Rise and Fall of Civilization*

Wright, *A Study of War*

Wesson, *The Imperial Order*

Eisenstadt, *The Political System of Empires*

Wittfogel, *Oriental Despotism*

Webb, *The Great brontier*

Black, *The Dynamics of Modernization*

Kann, *The Problem of Restoration*

Brinton, *The Anatomy of Revolution*

Benedict, *Patterns of Culture*

Adams, *The Evolution of Urban Society*

Grant, *Ancient History*

C. 其他有用的比较理论资料源

Dawson, *The Dynamics of World History*

Sorokin, *Society, Culture and Personality*

Kroeber, *Anthropology*

Kroeber, *The Nature of Culture*

Jaspers, *The Origin and Goal of History*

Mumford, *The Transformations of Man*

Bagby, *Culture and History*

Berdyaev, *The Meaning of History*

Schweitzer, *The Decay and the Restoration of Civilization*

D. 文化理论

Kroeber, *The Nature of Culture*

Coulborn, *The Origin of Civilized Societies*

Dawson, *The Dynamics of World History*

Redfield, *The Primitive World and its Transformations*

Steward, *Theory of Culture Change*

Benedict, *Patterns of Culture*

Kluckhohn, "The Concept of Culture"

Kroeber and Kluckhohn, *Culture*

Sorokin, *Society, Culture and Personality*

Bagby, *Culture and History*

Herskovits, *Man and His Works*

Coulborn, "Survival of the Fi. ttest in the Atomic Age"

Opler, "The Human Being in Culture Theory"

Bagby, "Culture and the Causes of Culture"

E. 批评

Sorokin, *Social Philosophies of an Age of Crisis*

Kroeber, *Style and Civilizations*

Sorokin, *Sociological Theories of Today*

Manuel, *Shapes of Philosophical History*

Dawson, *Dynamics of World History*

Hughes, *Oswald Spengler*

Toynbee, *Reconsiderations* (*Vol. XII of A Study of History*)

Cotrlborn，"Toynbee's Reconsiderations"

Coulborn and Du Bois，"Mr. Sorokin's Systems"

Ashley Montagu，*Toynbee and History*

Thompson，"Mr. Toynbee and World Politics"

Geyl，*Debates with Historians*

Collingwood，*The Idea of History*

Smith，*The Historian and History*

Opler，"The Human Being in Culture Theory"

Black，*The Dynamics of Modernization*

Zimmerman，*Patterns of Social Change*

Allen，Pitirim A. *Sorokin in Review*

F. 具有历史意义的著作

Petrie，*The Revolutions of Civilisation*

Burckhardt，*Force and Freedom*

Sorokin，*Social Philosophies of an Age of Crisis*（*the chapter on Danilevsky*）

Adams，Brooks，*The Law of Civilization and Decay*

Adams，Henry，*The Degradation of the Democratic Dogma*

Croce，*The Philosophy of Giambattista Vico*

Vico，*The New Science*

Mahdi，*Ibn Khaldun's Philosophy of History*

Ibn Khaldun，*The Muqaddimah*

Bodin，*Method for the Easy Comprehension of History*

G. 为开始研究比较历史学的人推荐的书目

Quigley，*Evolution of Civilizations*.　可读性强，精致，紧凑。

Kroeber，*Style and Civilizations*. 本书简要介绍了比较历史的 198

方法、历史学家和需要解决的问题。

Spengler，*The Decline of the West.* 现在你在大道上。第一卷第二章可以快速浏览，仍可受益匪浅。

Kroeber，*Configurations of Culture Growth.* 这是克罗伯的一本主要著作。他的谨慎和善良与斯宾格勒傲慢的教条主义形成鲜明的对比。

Sorokin，*Social and Cultural Dynamics.* 节略本。有些章节可能很艰涩，但值得花工夫一读。

Coulborn，*The Origin of Civilized Societies.* 对文明的源头观点和有关起源的侦探小说理论很重要。

Redfield，*The Primitive World and its Transformations.* 本书从原始文化的角度，而非文明的角度，解决了库尔伯恩的问题。

Grant，*Ancient History.* 为文明层面的概括总结精选出几个主要话题。

Mumford，*The Transformations of Man.* 本书论述了格兰特研究的文明的种类和过去几百年间的文明之间的显著差异。

Toynbee，*A Study of History.* 第1—9卷。索麦维尔的节略本是个不充分的替代品。原版本非常适合床头阅读。花上两年的睡前时间，不要忽略脚注和附录。可能应该每三十年或四十年重读一次。

索 引